本书系广东省重点建设学科科研能力提升项目"乡村振兴战略下粤
区域性维护与提升模式的探索与构建（2021ZDJS066）"

以心育人：

中学生心理健康教育指导与实践

王礼申 ◎著

吉林大学出版社

·长 春·

图书在版编目（CIP）数据

以心育人：中学生心理健康教育指导与实践 / 王礼
申著. -- 长春：吉林大学出版社，2023.10
ISBN 978-7-5768-2514-5

Ⅰ. ①以… Ⅱ. ①王… Ⅲ. ①中学生－心理健康－健
康教育－研究 Ⅳ. ① G444

中国国家版本馆 CIP 数据核字（2023）第 216742 号

书　　名：以心育人：中学生心理健康教育指导与实践
　　　　　YIXIN-YUREN：ZHONGXUESHENG XINLI JIANKANG JIAOYU
　　　　　ZHIDAO YU SHIJIAN
作　　者：王礼申
策划编辑：卢　婵
责任编辑：卢　婵
责任校对：刘守秀
装帧设计：三仓学术
出版发行：吉林大学出版社
社　　址：长春市人民大街 4059 号
邮政编码：130021
发行电话：0431-89580028/29/21
网　　址：http://www.jlup.com.cn
电子邮箱：jldxcbs@sina.com
印　　刷：武汉鑫佳捷印务有限公司
开　　本：787mm×1092mm　　　1/16
印　　张：19.5
字　　数：215 千字
版　　次：2023 年 10 月　第 1 版
印　　次：2023 年 10 月　第 1 次
书　　号：ISBN 978-7-5768-2514-5
定　　价：98.00 元

前　言

　　莎士比亚说："如果做好心理准备，一切准备都已经完成。"人们在生活中总会不断遇到问题、创伤、悲剧或威胁。能够应对变化、承受挫折，爬起来、再出发的心理准备在心理学中叫作复原力，它根植于健康的心理和健全的人格。只有心理健康、人格健全，才能在日常生活中保持坚韧不拔的精神，才能形成积极、乐观、自信、感恩的心理品质，在生活中获得满足和幸福。

　　儿童与青少年阶段是个体生命中形成"心理准备"十分重要的阶段，是个体身心健康发展、社交能力和沟通能力形成与个人核心素质养成的关键期。孩子们的心理健康水平决定着他们未来能否发挥生命潜能、实现自我价值，能否成为自信、独立、有责任感和幸福的人。人们常说"哪里有儿童，哪里就有美好未来"，然而，如果没有健康的心理，美好未来只是一座虚幻的空中楼阁。

　　儿童和青少年的心理健康不仅关系到自身发展和家庭幸福，还关系到社会的和谐与稳定，作为未来的建设者和接班人，他们的身心健康关乎祖国希望和民族未来，因此，加强学生心理健康教育势在必行。2012 年，教育部发布了《中小学心理健康教育指导纲要》，旨在加强和改进中小学心理健康教育工作。该指导纲要提出了"使学生会学习和生活，正确认识自我，提高自主自助和自我教育能力，增强调控情绪、承受挫折、适应环境的能力，培养学生健全的人格和良好的个性心理品质；对有心理困扰或心理问题的学生，进行科学有效的心理辅导，及时给予必要的危机干预，提高其心理健康水平"的具体心理健康教育目标。2012 年，教育部发布《中小学心理健康教育指导纲要（2012 年修订）》，进一步明确了中小学心理健康教育的目标、内容、方法和评价标准，为学校开展心理健康教育提供了指导和支持。2023 年 5 月 12 日，教育部等十七部门联合印发了《全面加强和改进新时代学生心理健康工作专项行动计划（2023—2025 年）》，强调明确加强和改进学生心理健康工作的相关重要举措。

结合以上政策性纲领文件和数十年中小学心理健康教育的探索与实践经验，我们确立了"自我认识""高效学习""生活与社会适应""生涯教育""人际交往""情绪调试""生命教育"共 7 大主题课程和 1 个板块主题课程（如"走进心理学""年度总结报告""我的寒暑假计划"），内容从实际出发，用老师们有能力上的课和孩子们能听得懂的话，设计出从小学一年级到高中三年级共 12 个年级全学段的心理健康教育活动课，出版成小学版《以行健心：小学心理健康设计与实施》和中学版《以心育人：中学生心理健康教育指导与实践》两册教师和学生用书。全书内容详细、活动丰富、生动有趣，希望能够以此带动心理健康教师、班主任和对学生心理健康教育工作有兴趣的教师积极加入心理健康教育大家庭，以全面提升学生心理素质、促进新一代青少年的心理健康素养。在本书编写的过程中得到了许多心理学同行的帮助和支持，其中肖铃负责总策划和板块主题课程设计和撰写，刘斌、颜静负责生命教育板块的设计和撰写，熊娴娴和谢丽芳负责人际交往板块的设计和撰写，叶靖怡负责生活与社会适应板块的设计和撰写，温咏怡和曾小娟负责自我认识板块的设计和撰写，张帆和温咏怡负责高效学习板块的设计和撰写，谢丽芳和熊娴娴负责情绪调适板块的设计和撰写。

在完成本书的过程中，笔者得到乐昌市教育局和韶关学院教育科学学院的大力支持。特别感谢乐昌市教育局的信任，让我们有机会将理论应用于实际、把理念化为实践，为社会发展和儿童福祉做出努力和贡献。感谢粤北第三人民医院的肖铃为本书日日夜夜付出的汗水和努力，你们的认真、努力和进步的思想为我们培养心理学人才进一步明确了方向。同时也感谢吉林大学出版社为本书顺利出版所付出的辛勤劳动！由于水平有限，书中难免会存在不足之处，恳请同行、专家批评指正，我们一定虚心接受，也欢迎广大读者与我们交流，谢谢！

王礼申

2023 年 10 月 18 日于广东韶关

目　录

3

"心理第一课"
初一年级其他主题课程

一、学情分析

心理健康是指心理的各个方面及活动过程处于一种良好或正常的状态，心理健康教育是学生素质教育的重要组成部分。心理健康教育课是开展心育的重要途径，初中一年级学生刚刚步入少年期，各方面仍保留小学生的特点，从小学生转变为中学生，需要教师协助其尽快适应新的学习生活，同时对于初中心理健康课程也要有更新颖的、更丰富的认识。

二、教学目标

①情感目标：在心理课堂中体验到安全且受保护的空间和感觉，在心理健康教师授课过程中感受到关注和回应。

②认知目标：了解心理学、心理健康以及心理咨询等相关概念，对心理健康教育课有一个直观的体验和初步的认识。

③行为目标：培养心理学素养，并转化为综合素养。

三、教学思路

教师自我介绍 → 课堂导入：有趣的心理学 → 心理健康 → 心理咨询 → 心理健康课及其他展开形式

四、教学准备

要求学生自备一张纸、一个红包。

五、教学过程

（一）教师自我介绍

教师与学生初次见面，可以提前制作一页有趣的自我介绍 PPT，对自己进行简单介绍，拉近与学生的距离；并强调真诚、尊重、保密等课堂约定。

（二）课堂导入——有趣的心理学

师：询问学生对"心理学"的看法 / 提到心理学联想到什么。

生：讨论并分享。

师：介绍心理学研究的三个基本方法（观察、测量、实验），展示错觉图片让学生感受（如下图）：自己对世界的认知不一定是物理世界原本的反映，而是掺杂了经验、意识、加工的结果，仅仅通过观察，不足以客观认识世界。

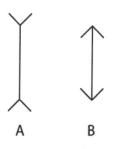 

等长线段

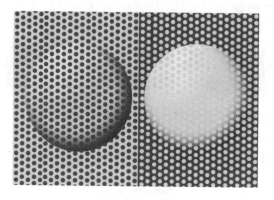

相同颜色小球

初一年级

2

水彩效应

师：以"颜色"为例，解释颜色是个心理量，视网膜上三种锥体细胞产生不同程度的刺激，变成神经电信号，通过视神经传入并激活大脑的对应皮层，从而使人产生了相应的颜色感觉。人类的感觉只能感知到世界的很小一部分，必须还要有测量和实验，用仪器测量弥补人类观察能力的不足，通过实验创造更便于观测的环境和条件。

（三）心理健康

1.心理健康表现

师：引导学生讨论"一个人有哪些心理健康的表现？"

生：讨论并分享。

师：总结学生的回答并给出定义，针对不同的回答进行回应，对于不合理的回答进行温和引导。

2.重视心理健康

师：向学生介绍 5 月 25 日为心理健康日、10 月 10 日为世界精神卫生日，加强学生对心理健康的关注和重视，引导学生感觉心理健康，有困惑要及时寻求帮助。

（四）心理咨询

师：介绍心理咨询，展示学校心理健康教育场地、咨询值班表，针对学生对心理咨询的好奇和误区进行答疑解惑如：

①心理老师会将我的秘密告诉班主任和家长吗？

②找心理老师是不是意味着我有精神病？

③心理老师可以解决所有问题吗？

④心理辅导就是找心理老师聊天吗？

⑤心理老师会永远积极乐观吗？

（五）心理健康课与开展形式

师：引导学生讨论心理健康课内容、设置、要求

①心理健康课内容——学习、生活、自我意识、情绪调适、人际交往和升学就业，教师在每一点后加上通俗易懂的例子帮助学生理解，如：

学习辅导：找到学习动力、养成良好学习习惯等。

生活适应：适应新学校、认识新同学等。

自我意识：我是谁？我有什么特征等。

情绪调适：调节情绪、保持积极心态等。

人际交往：如何和朋友和谐相处等。

升学就业/生涯规划：我以后上什么学校？做什么工作等。

②心理健康课设置——频率（每周一节/每两周一节）、时长（××分钟）、特点（互动、体验、参与）。

③心理健康课要求——真诚、尊重、平等、保密。

④心理健康教育形式。心理健康课：学校为保障学生心理健康，运用有关心理教育方法和手段，培养学生良好的心理素质、促进学生身心全面和谐发展和素质全面提高的课程教育；团体心理辅导：通过团体内人际交互作用，促使个体在交往中观察、学习、体验，认识自我、探索自我、调整改善与他人的关系，学习新的态度与行为方式，以促进学生更好地发展助人精神；心理情景剧：为学生提供了平台以重现生活场景、展示心理现象、讨论新异观点。沙盘游戏治疗：让来访者在有细沙的特制箱子里随意摆放组合玩具来再现其现实生活，使来访者的无意识整合到意识中；表达

性艺术治疗：一种非言语性的心理治疗技术。用创造性、娱乐性、象征性或隐喻性的形式，发挥传达治疗信息、舒缓情绪紊乱、促进交往，以及激发、丰富和完善心理体验等作用。包括音乐疗法、绘画及雕塑疗法、沙盘疗法、心理剧、家庭雕塑、系统排列等。

六、教学建议

心理咨询误区解答部分老师可以根据实际情况，选择更贴合学生认知的疑问进行展示和解答。

七、教学资源

根据中学生心理健康表现（人民网），授课教师可在此基础上结合学生特征进行修改。

①有适度的安全感，有自尊心，对自我的成就有价值感。

②适度地自我批评，不过分夸耀自己也不过分苛责自己。

③在日常生活中，具有适度的主动性，不为环境所左右。

④理智、现实、客观，与现实有良好的接触，能面对生活中的挫折与打击，无过度幻想。

⑤适度地了解个人的需要，并具有满足此种需要的能力。

⑥有自知之明，了解自己的动机和目的，能对自己的能力做客观的估计。

⑦能保持人格的完整与和谐，个人的价值观能适应社会的标准，对自己的学习能集中注意力。

⑧有切合实际的生活目标。

⑨具有从经验中学习的能力，能根据环境的需要改变自己。

⑩有良好的人际关系，有爱人的能力和被爱的能力。在不违背社会规范的前提下，能保持自己的个性，既不过分阿谀，也不过分寻求社会赞许，有独立的思想，有判断是非的能力。

"新挑战 新展望"
初一年级新生适应课程

一、学情分析

新生适应是指进入新的学校后，觉察到学习和生活的环境发生较大变化，及时调整自我，尽快适应环境，顺利地完成从小学生到初中生的角色转变。初中阶段的学生正处在个体身心状态开始发生剧变的一个重要转折时期，小升初入学适应体现着个体从少年到青年、从幼稚到成熟、从依赖走向独立的变化。越快投入新的学习环境，学生的发展就越顺畅，所以本节课的目标是通过一系列的活动帮助学生顺利地适应新的学习生活。

二、教学目标

①情感目标：提升学生适应初中学习生活的自信心，使其对初中生活有期待和憧憬。

②认知目标：让学生认识到初中阶段的学习、生活和人际关系等方面的变化，觉察到面临的适应性问题和挑战，提高对新环境的适应能力。

③行为目标：掌握多种调整心态、适应初中生活的方法，应用在实际生活中。

三、教学思路

课堂导入：大西瓜小西瓜 ▶ 我的挑战 ▶ 我的应对 ▶ 我的展望

四、教学准备

PPT、纸若干张。

五、教学过程

（一）课堂导入：大西瓜小西瓜

活动规则：当老师说出小西瓜或大西瓜这个词时，学生要跟着说并用手比画，说小西瓜的时候要比画成大西瓜（即比画成相反意思），说大西瓜的时候要比画成小西瓜。

师：做这个活动遇到了什么挑战？当时你的感受是什么？

师：结合学生回应，引出初中适应主题。

（二）我的挑战

师：请同学们写下进入初中后你在学习、生活和人际关系方面遇到的挑战。

生：完成并进行小组分享。认真倾听同学的分享，如果同学分享的挑战和你一样，请记录下来，最后总结哪些挑战是小组内出现频率最高的挑战。

师：你们小组都遇到了哪些相同的挑战？大家都有什么感受？

生：发言。

教师小结：进入初中，我们的生活发生了很大的变化，感到些许的不适应是正常而又普遍的。那么，我们可以怎么应对这些挑战呢？

（三）我的应对

师：根据你遇到的挑战，写下你的应对方式。

生：完成并在组内进行分享讨论。小组代表进行全班分享。

师：总结。

学习方面：树立一个正确的目标；正确认识自己，找好定位；做好时间管理；调整学习方法。

生活方面：调整作息，保证睡眠时间充足。

人际方面：人际关系三件宝：微笑、赞美、聆听；积极主动认识身边的同学和老师。

心态方面：接收新变化的事实；保持空杯心态：过去的已经过去，不一直留恋过去，重新开始，以此刻为起点。

（四）我的展望

师：请同学们在纸上写下自己对初中生活的展望，你希望学习、生活、人际关系等方面在初中阶段能有什么变化？

生：学生独立完成、分享。

六、教学建议

本节课的重要目标是引导学生认识到进入新的学习阶段，很多人都会出现适应性问题，不必因为出现问题而紧张，可以找到很多有效的方式应对。既要做好充分的准备，还要积极主动发现和解决问题。心理教师要相信学生有自我觉察、自我探索和自我成长的能力。在课堂上营造友好安全的氛围，鼓励学生进行分享，鼓励朋辈互助。

"找朋友"
初一年级人际交往主题课程

一、学情分析

人际交往是学生成长过程中非常重要的一课，也是影响一个人心理健康的重要因素。在初中生社会化的过程中，学会与人相处是一个核心发展任务，只有通过人际交往，人们才能体验到归属感、自尊感、自我效能感与存在感，并且良好的人际关系也是建立正确的自我概念的重要渠道。另外，从初中生心理健康的角度看，初中生的抑郁和焦虑也往往源于人际关系的紧张，所以对其进行人际交往技能的辅导十分必要。初一新生，因为刚刚升学的不适应性，容易人际交往困难，如自我封闭、不合群、对他人充满敌意等。因此在初一第一学期，刚建立新的班集体之时，非常需要加强学生在提升人际交往能力方面的辅导。

二、教学目标

①情感目标：了解自身的不足，积极调整自己的心态。认识到优化个性特征也是增强人际吸引的重要因素。

②认知目标：引导学生认识人际交往的重要意义，营造积极的人际氛围，成就学生好人缘。

③行为目标：掌握人际沟通中正确的态度和方法技巧。

三、教学思路

课堂导入 → 认识我 → 了解你——寻觅你的知音

人际关系吸引小妙招 → 我的人际关系网络 → 课堂总结

四、教学准备

PPT、活动游戏计时两分钟和八分钟音乐音频、本节课活动主题"心理成长记录卡之找朋友"。

五、教学过程

（一）课堂导入

热身小活动：十指交叉，在PPT上展示十指交叉示例图。活动要求：
①请同学们用自己习惯的方式进行双手十指交叉；
②用与自己刚刚相反的方式（不习惯的方式）再次进行双手十指交叉；
③比较这两次十指交叉有什么不同的感受？

教师小结：十指交叉习惯方式的突然转变会使得我们感到不舒服不适应。正如我们现在刚刚从小学升入初中，巨大的不同与变化也可能使我们感到不习惯与不舒服，需要我们慢慢去适应。

教师提问：那么初中与小学有哪些不同呢？

教师小结：①学习相关（科目变多、作业变多、记笔记等）；
②生活相关（作息时间更紧凑，还有的需要住宿）；
③人际相关（以前的好朋友不在一起了，需要面对新同学、新老师）。

那么本节课就带领同学们一起来尽快适应人际方面的变化，一起来深入地认识我们周围的同学与老师，来一起找一找朋友！（同时分发本节课所需

的心理成长记录卡）

活动升级："头脑风暴之名字大比拼"。

师：认识一个人，结交一个朋友，是从什么开始的呢？是从知道并且记住别人的名字开始的。那么我们就一起来玩一下头脑风暴小游戏，检测一下同学们从开学到现在，能够记住多少同学和老师的名字呢？

活动要求：①每个小组各请一位同学作为代表在黑板上写出本班同学或老师的名字，计时两分钟，写的最多者为胜；②其余同学可在自己座位上的心理成长记录卡自己写。

活动小结：写的多的同学很厉害哦，真是"名字记忆大师"（比拼冠军），同学们掌声鼓励。在人际交往中，能够记住且准确叫出别人的名字也是对别人的一种尊重。写的少的同学也没关系，本节课教你如何去结识更多的朋友！

（二）"认识我"

师：在人际交往中，记住对方的名字很重要，但是让对方记住自己的名字也同样重要。请同学们在心理成长记录卡的第二部分，填写自己的个人信息，制作自己的交友小名片，学会适当的自我介绍，让别人了解自己。

"我"的交友小名片：

姓名（昵称）：

星座（生日）：

最喜欢的颜色：

最喜欢的动物：

最想去的地方：

最喜欢的食物：

最喜欢的偶像：

兴趣爱好：

生：填写名片后可自愿举手分享自己的交友小名片。

教师小结：感谢分享的同学，这也让同学们对你有了更多的了解，在人际交往中，适当地进行一些自我介绍（自我暴露）是能够增强对方对你的好感度的。

（三）活动："了解你"——寻觅你的知音

师：请同学们拿着你的名片，在班级范围内，可以自由走动，互相介绍了解，找到名片上和你信息相同（如兴趣爱好刚好相同）的同学，请他在该项信息后面留下签名，尽可能找得多一点。遇上想深入了解的同学，也可以互相留下联系方式。活动时间为八分钟，会有音乐计时，请同学们注意纪律问题，只可轻声细语，不可大声喧哗，待音乐一响，同学们即可走动起来，去寻觅你的知音，待音乐停止，同学们就需要回到自己的座位上安静下来，即活动停止。

学生开始自由在班里"寻觅知音"，互相了解、互留签名及联系方式；活动结束后，学生代表自愿分享自己的活动体验感想。

教师小结：在活动过程中，有的同学比较积极，主动地去寻找与自己信息相同的同学，也收获满满的签名，可谓是"社交达人"。社交技能其实对于我们而言是非常重要的，正所谓"在家靠父母，在外靠朋友"。在人际交往中，积极主动活泼开朗地去了解亲近别人，是更能够交到朋友的。还有一些同学比较羞涩内敛，没有关系，慢慢来，相信同学们之间的友善与温暖，能够让你放开一些，和谐地融入班集体。

（四）"人际关系吸引小妙招"

师：大家有没有发现，有一些同学特别受大家欢迎，大家都喜欢跟他做朋友。而这样的人往往是因为他们身上具备一些人格特质（性格特点、品质）。据美国社会心理学家安德森研究发现，当人们身上拥有这些人格特质的时候，人们是很愿意跟他们交朋友的。同学们知道是哪些特质吗？

学生思考并举手回答。

教师小结：10项最受欢迎的人格特质：①真诚、②诚实、③理解、④忠诚、⑤可信、⑥可靠、⑦聪明、⑧关怀、⑨体谅、⑩热情。如果我们在交友时做到这些，那可就"莫愁前路无知己，天下谁人不识君"，一定会有很多人喜欢你这样的朋友。

（五）我的人际网络

师：请同学们进行更深层次的思考，进一步拓展自己的人际关系网络，在心理记录卡上回答以下问题：

①你想和谁进一步成为朋友；

②你对谁特别信任或依赖；

③你认为自己在与同学相处的过程中，是否有需要改进的地方，或者希望谁能够帮助你？

生：思考并在心理成长记录卡上填写回答，可自愿举手分享自己的回答。

教师小结：能够拥有一个值得信任及依赖的朋友是一件非常幸运的事。如果现在还没有也没有关系，同学们如果在这方面遇到什么问题也可以跟老师求助，希望你们能够信任老师，老师也希望能够帮助到你们。

（六）课堂总结

人际交往是需要学习的，没有人天生就是人际交往大师，每个人在与人交往的过程中都会遇到这样或那样的问题、困惑，这是非常正常的事情。重要的是通过不断学习和实践，来提高自己的人际交往能力。让我们高唱朋友之歌，收获最灿烂的友谊。

六、教学建议

本节课通过活动与教师启发性提问及讲授，增强学生对人际关系的重视，帮助学生发现人际交往过程中会出现的问题。学生能够沉浸式体验自己在社交过程中的所作所为，找出解决问题的办法，提高自己的社交能力。关键的问题是让学生在活动中体验、观察，在发现问题的基础上反思更好的结交朋友的方法，从而帮助学生达到提升学生社交能力的目的。

不足之处：在"了解你"——寻觅你的知音这个环节，要特别注意班级氛围及纪律的把控。强调课堂纪律，不能太过喧闹。同时还有个别同学太安静，不会主动去寻找同学签名，此时教师应重点关注，可以及时给予学生鼓励或签名，让学生不感到被忽略。学生分享环节也要注意时间把控，有的学生表达欲望太强，可能会打乱整体上课的节奏。还有的学生不能积极思考，教师要耐心引导启发，避免变成传统式知识灌输。

七、教学资源

①"头脑风暴之名字大比拼"活动两分钟左右，音乐计时：久石让《菊次郎的夏天》。

②"了解你"——寻觅你的知音活动八分钟左右，音乐计时：羽肿《Windy Hill》。

③本节课心理成长记录卡作业单。

心理成长记录卡是记录和跟踪个体心理成长和发展的工具。它可以帮助个体了解自己的心理状况，监测心理变化，并促进心理健康的发展。心理成长记录卡通常包括基本信息（如姓名、性别、年龄）、心理状态评估、心理成长目标、心理调适策略、心理成长计划、心理成长日志等内容，教师可根据班级同学实际情况引导学生绘制。

"悦纳自己我可以"
初一年级认识自我主题课程

一、学情分析

自我认识是指个体对自己身心活动的觉察，即自己对自己的认识，具体包括认识自己的生理状况、心理特征以及自己与他人的关系。初一学生的自我意识开始觉醒，"成人感"日益增强，但此时的他们尚不能正确评价和认识自己的智力潜能和性格特点，很难对自己做出一个全面而且恰当的评价。这导致他们在顺境中容易沾沾自喜、狂妄自大，面对挫折时容易妄自菲薄、自暴自弃。因此，帮助初一年级的学生形成良好的自我意识对他们的自我发展和社会适应起着至关重要的作用。

二、教学目标

①情感目标：懂得悦纳自己，不自卑、不自负，不断实现自我完善。

②认知目标：正确认识和评价自己，正确对待别人对自己的评价。

③行为目标：学会认识自我的途径与方法，客观地认识、评价自己的优缺点。

三、教学思路

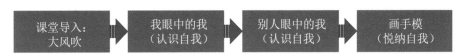

四、教学准备

PPT、白纸。

五、教学过程

（一）课堂导入

热身活动"大风吹"。

游戏规则：

当教师说：大风吹。同学们问：吹什么？教师说：吹长头发的人。同学们：符合长头发特征的同学站起来。

（特征词：近视的人、爱唱歌的人、喜欢玩的人、喜欢交朋友的人、喜欢独处的人、胆小的人、自信的人、聪明的人。）

教师小结：大风吹的活动到此结束，刚刚老师发出的口令词语其实都是对自我的一些认识，总的来说，我们可以从以下三个方面认识"自我"。

生理自我：对自己的身体、性别、外貌、身材、健康状况等方面的认识；

心理自我：对自己的性格、气质、兴趣、特长、世界观、价值观等方面的认识；

社会自我：对自己在社会关系、人际关系中的角色、地位、声望等方面的认识。

（二）我眼中的我

1. 活动一：自我探索

师：下面我们尝试用一些自我描述的词语来进行自我探索，从生理自我、心理自我、社会自我方面来看，我到底是一个怎样的人。

给每位学生派发一张白纸，在白纸的左上角写上姓名，完成纸上 12 个"我是一个_____的人"格式的句子。横线处写出符合自己特征的形容词，越独特越好，越多越好，但是要包括生理自我、心理自我、社会自我的各个方面，优点和缺点都可以。

①我是一个_____的人；

②我是一个_____的人；

③我是一个_____的人；

……

教师小结：结合巡堂与学生分享，引导学生察觉到在评价中对自己的优缺点关注是否均衡，思考并讨论不均衡的评价对于自身会有什么样的影响。

2. 活动二：猜猜这是谁

把大家写完的白纸收上来，随机抽几份，说出人物特征，让同学们一起猜一猜是谁写的。

（若猜出来）

师：大家为什么觉得是他？

生：他写出来一些自己非常独特的优缺点、他的自我认识和他人评价是一致的。

（若没猜出来）

师：请写这个纸条的同学自己站起来，并问大家觉得是他吗？猜不是他的同学说一说你为什么觉得不是他。

生：因为不了解他、因为他平常表现出来的不像他描述的那样。

教师小结：结合学生分享，引导学生察觉到自己眼中的我和他人眼中的我可能存在的区别。

请同学们思考：你能确信自己就是自己认为的这样一个人吗？

（三）别人眼中的我

活动规则：每位同学领回自己的纸张，以前后 4 人为一个小组，在小组内依次将纸张传递到自己右手边的同学手里，让他们将自己的优缺点用形容词写下来。

温馨提示：活动过程中要真诚、负责、认真、客观地评价同学。根据同学平时的整体表现进行评价，不要受他本人自我评价的影响，评价完将纸张还给本人。

拿到被别人评价过的活动纸张，思考下面的问题：

1. 我和别人一致的认识有哪些？

例如：我觉得自己随和，别人也认为我随和。

2.我和别人不一致的认识有哪些？

例如：我认为自己坚强，但别人不认为我坚强。

例如：我不认为自己内向，别人却认为我内向。

3.你怎样看待别人对你的评价？

师：比如别人指出了哪些你自己没有意识到的优点或缺点？或者别人没看到哪些你自认为的优点或缺点？

生：发言。

教师小结：结合学生分享，引导学生认识到全面、正确认识自己的途径，除了自己评价之外，还可以结合他人的评价。不过听取他人评价时，我们要有自己的思考，需要用心去考虑哪些是客观的，哪些是不需要自己认同的。

（四）画手模

师：通过"我眼中的我"和"别人眼中的我"两个认识自我的活动，我们越来越了解自己了。那么现在，请同学们为自己"劳苦功高"的右手画一幅手模，把自己的右手按在纸上，用左手去画，认真、努力地画出一个真实的手模。画完后根据老师提出的问题来重新感受一下自己。

①你的手模和别人的手模一样吗？

②你的手模是否是五个指头一样长呢？

③你的手能干吗？它的本领大吗？这给你什么启发？

教师总结：结合学生分享，引导学生认识到我们每个人都是独一无二的，且都是不完美的，都有优点也有缺点，我们要用发展的眼光看待自己，可以充分发挥自己的优势与长处来弥补不足之处，从而不断完善自我。

六、教学建议

针对相互评价的活动环节，教师要强调好课堂纪律和活动要求，指导同学们实事求是地对他人进行客观评价，不取笑他人，不带任何恶意。

"挑战注意力"
初一年级提高学习效率课程

一、学情分析

注意力是指人的心理活动指向和集中于某种事物的能力。注意从始至终贯穿整个心理过程，只有先注意到一定事物，才可能进一步去集训、记忆和思考等。初中生学习上所面临的问题主要是掌握学习方法、提高学习效率，以应对更多科目和难度更深的学习。意大利的著名教育家蒙特梭利说：最好的学习方法就是让孩子聚精会神学习的方法。良好的注意力有利于提高学习效率。

二、教学目标

①情感目标：体验到集中注意力带来的愉悦感和成就感。
②认知目标：认识到注意力对学习、生活的重要性。
③行为目标：掌握提高注意力的训练方法和技巧。

三、教学思路

课堂导入 ➤ 注意力训练 ➤ 课堂总结

四、教学准备

PPT。

五、教学过程

（一）课堂导入

规则：从 1 开始数，凡是遇到数字 3、带数字 3 的数字或者表示 3 的倍数的数字，就站起来大喊一声"过"，接下来的同学，继续说下一个数字，一直到有同学出错就结束，然后下一个同学又从 1 开始数。

师：在这个游戏中，要想顺利地快速通过，最重要的是什么？

生：学生分享。

师：当你集中注意力做游戏的时候什么感受？当你专注于这个游戏时有什么表现？通过这个游戏对你的学习生活有什么启发？

生：回忆并分享。

教师小结：注意力集中不集中，对于结果是有决定性作用的。当一个人注意力集中时，精神饱满，做事效率高，能体验到集中注意力带来的愉悦感和成就感。当我们集中注意力在一件事上的时候，周围的环境变化也影响不了自己。

（二）注意力训练

1. 把注意力放在目标上并保持

呈现一张有关体育比赛图片 5s。

师：①这场比赛叫什么？②正在运球的运动员鞋子是什么颜色的？③你看到多少位运动员？

师：确定具体、清晰的小目标，并把注意力放在目标上。比如在看书时，一个集中注意力的方法就是，带着问题去读。每个具体的问题，都是一个清晰的小目标，能调动读者的注意力去寻找答案、解决问题。因此，在看书时，我们可以时不时停下来问自己一些问题，比如这个概念/名词/句子/段落的意思是什么？这些东西和我已知的/已学的有什么联系？

凝视训练法：

①首先在空中描绘出一个点，此时让心中唯存有此点，并凝想此点。

②慢慢将此点延伸为一条直线，继续凝想此直线，并将凝想的时间延长。

③之后描绘出较复杂的星形或涡形，并凝想该图形一段时间，继续将图形复杂化，并保持凝想，同时延长凝想的时间。

生：参与体验。

教师小结：注意力可以通过后天的努力和训练得以提升。因此我们还可以通过提高自己的注意力水平，来提高课堂的听课效率。

2. 注意力的转移

师：呈现舒尔特方格，要求学生快速地按顺序将数字指出来且念出来。

生：参与体验。

师：主动而迅速地进行注意的转移，对各种工作和学习来说都十分重要。比如面对感兴趣的对象，注意力的转移就比较容易、迅速，所以我们在学习过程中要注意培养自己的兴趣；原来注意的强度越大，注意的转移就越困难、越缓慢，在转移注意力前中场休息，可以使原来注意的强度降低，所以课间要好好放松休息、眺望一下远方，便于把注意力转移到新课上来。

教师小结：舒尔特方格法可以测量注意力水平，是全世界范围内公认的最简单、最有效也是最科学的注意力训练方法。

（三）课堂总结

法国生物学家乔治·居维叶说："天才，首先是注意力。"注意力水平的提高是一个循序渐进的过程，需要长期坚持和练习。同学们要有意识地去培养自己注意力的专注程度，能够做到自我觉察和及时调整。

六、教学建议

①在课堂导入活动中使用 4F 提问法，和学生交流事实（facts）、感受（feelings）、发现（findings）、未来（future）。

②体育图片的呈现可以按照教学和实际需要选择本校或市县各类型体育比赛图片。教师可以选择图片不突出的点提问问题，注意目标对注意力

的重要性。

③鼓励学生每天做练习，并提醒学生每天练习时尽量避免受到外在声音的干扰。

七、教学资源

在印有 100 个小圆圈的测验纸上（直径 2 毫米），用 35 秒钟悬肘快速地由起点沿连线向圆圈内打点，碰边、点在圈外都算错，数值越大说明注意力越集中，手、眼配合越协调。

舒尔特方格：

2	11	3	15	13
22	5	24	18	4
14	12	20	6	23
8	17	7	9	19
10	16	1	25	21

15	10	9	22	23
25	11	21	8	12
14	2	17	4	3
6	7	1	18	5
19	16	20	24	13

18	15	25	16	5
14	24	21	12	13
4	6	19	11	10
9	3	1	22	20
17	23	2	8	7

"情绪万花筒"
初一年级情绪管理主题课程

一、学情分析

　　情绪是人对于客观事物与自己的需要是否相适应而产生的态度的体验，它与心理健康关系密切，是心理健康的重要标志之一。初一学生由于其心理发展还不成熟，在情绪特征上表现出好冲动、不稳定、极端化等特点，对自己的情绪表现缺乏深刻的认识，也不善于调节自己的情绪。因此，在初一年级里设计一节帮助学生认识各种情绪以及它们对人的影响作用，并使学生在了解自己情绪特征的基础上，学习自我调节情绪，提高心理健康水平，是十分必要的。

二、教学目标

　　①情感目标：感受情绪、表达情绪、分享情绪体验。

　　②认知目标：能够识别不同类型的情绪，了解情绪对身体机能的作用与影响。

　　③行为目标：具有一定觉察自己和他人情绪的能力，为提高情绪控制能力提供前期支持条件。

三、教学思路

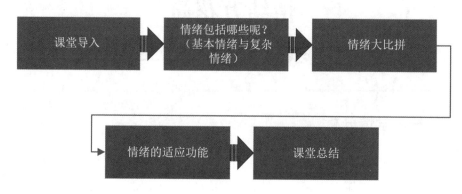

四、教学准备

PPT、导入游戏"你比我猜"的八张情绪小卡片（情绪词语分别有：欢喜、兴奋、愤怒、生气、哀伤、悲痛、恐惧、惊悚）、《猫头鹰的情绪故事》心理教育视频。

五、教学过程

（一）课堂导入

热身小游戏：你比我猜。游戏活动要求：

①请同学从老师手中抽取词语卡片，不能说话，用肢体语言和面部表情表现出来；

②其他同学举手再猜；

③温馨提示：都为 2 字词语。

生：参与游戏并猜出词语。

教师提问：（在黑板上记录学生已猜出的词语），大家有没有发现，这些词语都有一个共同点，都是关于什么的词语呢？

生：都是跟情绪有关的词语。

教师小结：非常正确！这也是我们今天要讲的主题：情绪万花筒——

初识情绪。大家知道为什么要叫"情绪万花筒"吗？对，是因为情绪非常非常多，且千差万别，虽然刚刚的游戏里只出现了八个词语，那么今天就让我们一起来走进这情绪万花筒的世界吧！

（二）情绪包括哪些呢？

师：同学们有没有发现，这八个情绪词语，有些含义很接近，如果要把这八个词语分类，你们会怎么分呢？

生：欢喜与兴奋、愤怒与生气、哀伤与悲痛、恐惧与惊悚。

师：非常正确！（在黑板上把对应的词用线连起来）。如果各用一个字来统称这四组词，你们会用哪四个字呢？

生：喜、怒、哀、惧。

师：非常棒！（在黑板上把对应的字圈起来）。一般来说，喜怒哀惧是人的基本情绪。

看图猜情绪: PPT人物情绪图片展示。猜猜看他们处在何种情绪之中？（图片人物情绪分别为：眉开眼笑、手舞足蹈、哈哈大笑）。

师：大家有没有发现这三张图片是不是表现的都是同一种情绪？都是表达"喜"这种情绪。但是这三种"喜"之间有没有什么区别呢？是眉开眼笑表现得更强烈，还是手舞足蹈表现得更强烈？其实同一种情绪之间，还有程度强弱的区别。就像刚刚猜的这八个词语，兴奋相对欢喜更强一些、愤怒相对生气强烈一些、悲痛相对哀伤强烈一些、惊悚对于恐惧更强烈一些。

请思考：有没有一件事同时能够使人出现多种情绪？

生：思考并回答。

师：比如我们经常听到的一个词"惊喜"，就是让人又惊又喜，就是同时包含了惊与喜两种情绪。像这样同时包含两种或两种以上的情绪就是"复合情绪"。我们生活中很多时候体验到的其实都是复合情绪。常见的复合情绪有：嫉妒、羞愧、紧张、焦虑、抑郁，等等。

请思考并讨论：什么情况下会出现"喜、怒、哀、惧"这些情绪呢？

可举例说明。每个小组分别讨论一种情绪。

生：小组讨论三分钟后学生代表总结发言。

师总结：喜是需要的目的达到或者焦虑紧张状态解除后出现的情绪；怒是需求不能达到或一再受到干扰后出现的情绪；哀是愿望落空、失去喜爱或者是有价值的东西后出现的情绪；惧是不能处理或摆脱可怕的情景或事物后出现的情绪。

（三）情绪大比拼

分别围绕喜怒哀惧四个主题写出你能够联想到的情绪词语。

生：与同桌讨论后自行完成，学生代表上黑板上写出。

师总结：大家都写得很不错，我们一起来汇总一下。

喜：愉悦、欣喜、欢乐、开心、喜悦、甜蜜、满意、舒心、狂喜、心旷神怡、兴高采烈、手舞足蹈、欣喜若狂、心花怒放、欢欣鼓舞、满面春风、眉开眼笑、扬眉吐气、喜滋滋等；

怒：愤怒、气恼、不满、气愤、生气、大怒、震怒、恼火、愤慨、恼羞成怒、暴跳如雷、七窍生烟、怒发冲冠、火冒三丈、怒目而视、咬牙切齿、拍案而起、愤愤不平、怒火中烧等；

哀：失望、哀痛、难过、遗憾、悲伤、忧郁、凄凉、沉痛、伤感、悲哀、心痛、悲痛欲绝、泪流满面、肝肠寸断、痛哭流涕、伤心不已、愁眉苦脸、垂头丧气、唉声叹气、心如刀割等；

惧：害怕、紧张、心悸、仓皇、退避不安、惊愕、畏缩、战栗、大惊失色、手足无措、惴惴不安、不寒而栗、面无人色、提心吊胆、惊慌失措、魂飞魄散、心惊胆战、瑟瑟发抖等。

能够思考并写出这么多相关情绪的词语其实是有助于我们去表达情绪的，还可以顺便提升我们的语文水平哦。

（四）情绪的适应功能

思考：情绪有什么作用呢？情绪有好坏之分吗？

播放心理教育视频《猫头鹰的情绪故事》。

生：思考并观看视频。

教师小结：情绪没有好坏之分。每种情绪都是带着信息而来的一封信，告诉你事情是否处于你的掌控之中。在需要的情况下，情绪能自动提供一种有效应对的方式，帮你应付各种状况。每一种情绪，都值得被尊重。关注自己的感觉，对自己的情绪保持好奇和耐心，探讨并表现出真正的情绪。

（五）课堂总结

情绪具有多样性与变化性，人每天都会体验到不同的情绪，而每一种情绪都有其存在的价值。因此我们需要学会了解、觉察分析自己的情绪，同时也要能够识别理解他人情绪，这对我们是非常重要且有意义的。

六、教学建议

本节课通过教师启发性提问及视频讲解，比较详细且充分全面地讲解了情绪的种类及特性，让他们对情绪的识别和觉察分析自己的情绪有了一定的能力，为下一阶段的情绪管理能力提升训练打下基础。

不足之处：由于理论性知识较多，整节课偏教授性一点，趣味性不够强，学生的体验感差了一点。有些同学不够积极主动去思考讨论问题，需要教师耐心细致引导。

七、教学资源

心理教育《猫头鹰的情绪故事》视频。

"寻找生活中的小确幸"
初一年级生命教育主题课程

一、学情分析

初一学生告别熟悉的校园，进入崭新的初中，面对课程的加码，面对新的学习环境、新的交往圈，他们会产生迷茫、无助、焦虑等消极情绪。消极情绪的支配，让他们感受到的都是生活的压力和不容易，进而让他们感受到自己是一个没有快乐的人，他们开始不自信，甚至想要放弃自己。心理学家塞利格曼认为幸福感有愉悦（pleasure）和满意/满足（gratification）两种。"愉悦有很强的感官和情绪特点"，是感官上的满足与快乐。因此，为了提高学生的幸福感及在生活中的积极体验，使其能够积极关注生活中的积极事件，特此设计本次课程。

二、教学目标

①情感目标：发现幸福事件，体会幸福，提高幸福感。

②认知目标：明白幸福存在于生活的每个角落，需要有发现幸福的眼光。

③行为目标：能够从自身角度出发，关注幸福的事件，寻找身边的小确幸，体验身边的幸福。

三、教学思路

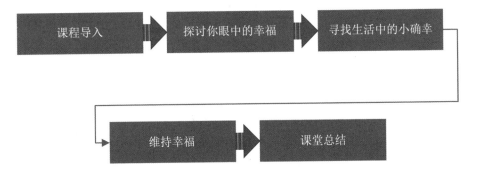

四、教学准备

《你幸福吗？》采访视频、A4纸、彩笔、PPT。

五、教学过程

（一）课堂导入

播放央视街头采访视频《你幸福吗？》。

教师总结：结合视频提问学生对"幸福"的理解和看法，并进行回应。

（二）你眼中的幸福

1.师：你认为什么是幸福？

学生回答。

教师总结：积极心理学的研究成果显示：幸福 = 先天遗传因素 + 生活环境 + 你能主动控制的心理力量。先天因素与生活环境是我们难以去改变的，所以幸福取决于我们自己是怎样看待这些已经发生了的事情。

师：什么叫小确幸呢？

学生回答。

教师总结：心中隐约期待的小事刚刚好发生在自己身上的那种微小而真实的幸福与满足，就称之为"小确幸"。

2. 寻找生活中的小确幸——绘制幸运瓶

（1）绘制幸运瓶

教师：请寻找生活中能够给你带来快乐或者幸福感的事件，并将其画在幸运瓶中，请至少画满 6 个幸运瓶。

学生：绘制幸运瓶。

（2）分享你的小确幸

教师：请以小组为单位，分享你的小确幸。

学生：小组讨论。

教师小结：结合学生的分享情况，总结学生眼中的小确幸，指出并找出生活中小确幸的重要性。

（三）持续幸福

教师过渡：小确幸是短暂的幸福与美好，那么我们如何让幸福变得持久呢？

如何获得可持续的幸福？ —— 快乐而努力地朝着自己的目标做有意义的事。

学生讨论与分享：当下我们可以做哪些有意义的事？

教师总结：我们为了目标不断努力的过程，就是我们获得可持续的幸福的过程。

（四）课堂总结

生活中从不缺少美，而是缺少发现美的眼睛。生活不会像我们期待的那样完美，但都会有小确幸存在。在忙碌的学习和生活中，也不要忘了去寻找生活中的小确幸，做一个快乐幸福的人。

六、教学建议

绘制幸运瓶的过程中，可以先将时间设置为最近三个月到六个月。对有绘画功底的学生可以要求直接用图表示事件，无绘画功底的同学可在瓶底写下关键词，用颜色笔对幸运瓶进行填涂。

七、教学资源

①央视街头采访《你幸福吗？》。

②《持续的幸福》：作者马丁·塞利格曼是"积极心理学之父"。塞利格曼不再关注传统心理学注重的"如何减轻人们的痛苦"，而专注于如何建立人们的幸福感，并让幸福感持续下去。《持续的幸福》这本书中的幸福理念是在《真实的幸福》一书的基础上扩充而来的，在书中，塞利格曼具体阐释了构建幸福的具体方法。他提出，实现幸福人生应具有5个元素（PERMA），即，要有积极的情绪（positive emotion）、要投入（engagement）、要有良好的人际关系（relationships）、做的事要有意义和目的（meaning and purpose）、要有成就感（accomplishment）。

"我在 ×× 学校，挺好的"
初一年级其他主题课程

一、学情分析

初一学生需要逐步适应生活和社会的各种变化，以及中学阶段的学习环境和学习要求，一个学期的学习后，学生逐渐完成小学到初中的角色、学习、生活、人际上的转变，对校园以及老师、同学逐渐熟悉。本节课将帮助学生梳理和总结如何适应学校。

二、教学目标

①情感目标：体验适应环境、克服困难的成就感。

②认知目标：理解新环境适应困难是正常现象，要积极应对。

③行为目标：通过调整心态和行为来促进环境适应，并将相关技巧应用到其他适应中。

三、教学思路

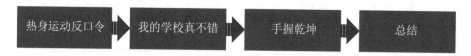

热身运动反口令 ➤ 我的学校真不错 ➤ 手握乾坤 ➤ 总结

四、教学准备

要求学生自备一张纸 / 心理本。

五、教学过程

（一）热身运动——反口令

师：①头的动作：前后左右；②手的动作：举起左手、举起右手、放下左手、放下右手；③身体的动作：起立、坐下。

师：询问学生在游戏中能否很好地适应这些变化的口令（能、不能、多练几次就能了），引出新环境适应，回想入学生活的感受。

生：思考、分享。

（二）我的学校真不错

师：请学生思考对校园的第一印象（如果是比较消极的评价，注意引导），分享最喜欢的校园一角／场所；思考并分享与校园有关的人和事（班级、宿舍、社团……）

生：讨论并分享。

（三）手握乾坤

师：请学生在纸上／心理本上拓出自己的手掌印，掌心写上"××的初中生活"，每个手指对应生活中一个方面：健康、人际、学习、休闲、心理，思考自己在这些方面可以做什么努力，让接下来的初中生活更加美好。

生：思考、分享。

（四）总结知识

师：在学生分享的基础上，根据不同主题的分享，结合本学期所学知识进行总结梳理。

六、教学建议

本节课以纸笔练习和自我探索为主，教师可以选择合适的轻音乐辅助活动进行，在学生分享时发掘积极资源。

标题"我在××学校，挺好的"中的"××学校"需要替换成学生所在的学校名称。

七、教学资源

"手握乾坤"活动示例。

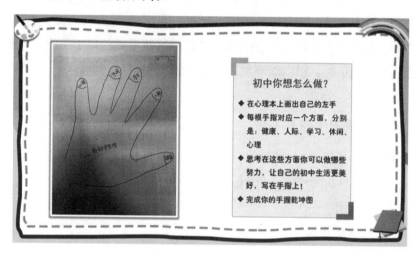

"我的兴趣之旅"
初一年级生涯规划主题课程

一、学情分析

兴趣是个体对某一特定领域或活动产生的积极情感和持续关注的心理倾向。它是人们在认识世界和自我发展过程中形成的一种内在动力，对于个体的学习、工作和生活具有重要影响。初一年级学生的兴趣特点表现为兴趣广泛、有强烈的好奇心，但兴趣的稳定性差，也不善于根据兴趣的有益性来有意识地发展对自己有益的兴趣爱好。本节课就是要帮助学生认识到有益的兴趣爱好对自我成长的重要作用，并在了解自己兴趣爱好的基础上，学习培养自己的各种有益的兴趣爱好，并能够在未来找到兴趣的价值，培养长期的兴趣甚至生涯目标。

二、教学目标

①情感目标：能分辨有益兴趣与不良兴趣，并能结合自己的特点，发展有益的兴趣爱好。

②认知目标：了解兴趣及兴趣的种类，知道兴趣对人的重要影响。

③行为目标：正确看待兴趣爱好，主动培养积极有益的兴趣爱好。

三、教学思路

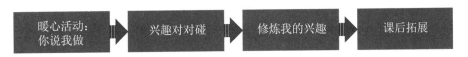

暖心活动：你说我做 ➡ 兴趣对对碰 ➡ 修炼我的兴趣 ➡ 课后拓展

四、教学准备

奖品券、"我的兴趣爱好"自查表每人一份。

五、教学过程

（一）暖心活动：我说你做

①游戏规则：请大家按照我的提示做出相反的动作，同样要反应快，出错的同学自己坐下来。

②口令：摸摸你的左脸、举起右手、向右转、向左转、向后转、起立、蹲下、前进一步、不要向前走一步……

③颁发礼物：同学们自由选择奖品券，比如：零食、玩具、娃娃、绘画工具、科学实验材料、装饰品、书籍等，奖品课下找老师兑换。

师：同学们，不同的学生选择礼物的时候有不同的偏好，因为他们感兴趣的事情不一样。今天就让我们一起进入"我的兴趣之旅"。

（二）兴趣对对碰

①请每个同学填写"我的兴趣爱好"自查表，并选择出自己最喜欢的五项活动。

请就下面的业余活动项目，加以选择。喜欢的打"√"，不喜欢的打"×"，无所谓喜欢或不喜欢的就不做记号。

（　）1. 游泳（　）2. 足球（　）3. 篮球（　）4. 羽毛球（　）5. 登山

（　）6. 乒乓球（　）7. 跑步（　）8. 打牌（　）9. 跳舞（　）10. 打扮

（　）11. 写作（　）12. 表演（　）13. 绘画（　）14. 散步（　）15. 唱歌

（　）16. 听音乐（　）17. 聊天（　）18. 摄影（　）19. 集邮（　）20. 旅游

（　）21. 跳绳（　）22. 钓鱼（　）23. 溜冰（　）24. 泡茶（　）25. 武术

（　）26. 学书法（　）27. 养宠物（　）28. 看电影（　）29. 电视剧

（　）30. 上网（　）31. 打游戏（　）32. 看动漫（　）33. 放风筝

（　）34. 踢毽子（　）35. 参加体育比赛（　）36. 卡拉OK

（　）37. 棋类活动（　）38. 溜滑板（　）39. 看体育比赛（　）40. 看新闻

（　）41. 睡觉（　）42. 美食（　）43. 阅读课外书籍（　）44. 参加社团活动

（　）45. 其他（请注明）

请在打"√"的项目中，再选择出五项你最喜欢的活动，依次将题号填入下面的括号里：

①（　）②（　）③（　）④（　）⑤（　）

②请几个同学当记者，逐一去采访其他同学，如你有哪些兴趣爱好？你最喜欢哪项活动？你的兴趣是怎样培养形成的？你的这些兴趣爱好对自己有何好处？

③教师说明兴趣的种类，并指出学生的兴趣爱好中有些兴趣爱好是有益的，但有些兴趣爱好是不好的，请同学们思考下：哪些兴趣爱好有益？哪些无益？为什么？然后和同学们一起把兴趣爱好进行分类：有益的或无益的或既有利也有弊的。

④组织团体竞赛活动。将学生分为两组，然后教师将一些可能不利于学生学习、发展的业余爱好写在黑板上，如打游戏机、打牌等，要求各组

同学就这些兴趣爱好进行对抗辩论：这种兴趣爱好是否有益？为什么？如何调节、改善或改正这种兴趣爱好？

教师总站：注意在激励学生发展有益兴趣爱好的同时，要求学生合理安排好学习与业余爱好的时间，并分清学习与其他兴趣活动的主次。

（三）修炼我的兴趣

分组讨论下列三个问题：

①如果一个同学没有兴趣，他应该如何培养自己的兴趣？

②如果一个同学的兴趣不稳定，对每种兴趣都无法长期保持热爱，他希望自己能有一个稳定并且擅长的爱好，他应该怎么做？

③如果一个学生很擅长跳舞也非常热爱跳舞，可是她的父母认为她进入初中必须以学业为重，让她放弃舞蹈。她应该怎么办？

学生：认真参与讨论并分享。

教师小结：要多尝试发现自己的兴趣，多深入地了解自己的兴趣，多展现坚持自己的兴趣。

（四）课后拓展

①搜集名人坚持自己兴趣的事例并与同学分享，下次上课在班级分享。

②推荐阅读《世界上最伟大的发明家》，思考到底是什么让发明家们锲而不舍。

教师寄语：好的人生，就是在自己所热爱的领域努力地"玩"，成长为自己想要成为的样子。

六、教学建议

兴趣分为直接兴趣（对事物本身感到有需要而引起的兴趣）和间接兴趣（对某种事物本身没有兴趣，但对这种事物的未来结果感到有需要而产生的兴趣）。教师除帮助学生根据自己的年龄特征和爱好需要发展多种有益的直接兴趣外，还应注意鼓励学生培养有益的间接兴趣，如自己不感兴趣的一些学科。同时，还要帮助学生学习合理安排时间，使学生的有关兴趣爱好与学业不冲突。

参考资料：

①曹梅静，王玲．中小学心理健康教育课程设计［M］．广州：广东高等教育出版社，2004．

②金锄头文库．《探索我的兴趣》教学设计［EB/OL］．［2021-09-28］．https://www.jinchutou.com/shtml/view-198184899.html？ fs=1.

"接纳青春期的红熊猫——电影赏析"
初一年级认识自我主题课程

一、学情分析

埃里克森人生发展八阶段理论提出，青春期处于自我同一性过程。初中生正处于青春期，生理上、心理上正处在巨大的变化中，此时，他们的自我意识发展，内心世界丰富，在日常生活中开始自我思考，如"我是什么样的人""别人是喜欢我还是讨厌我"这一系列问题开始萦绕在他们的心中。希望通过本节青春期主题的电影赏析课，给学生一些启发和引导，让学生认识到每个个体的存在都有其意义，每个人都是独一无二的，学会接纳自己、悦纳自己，学会和家人和解。

二、教学目标

①情感目标：通过电影赏析，学会和青春期的自己和解，接纳自己的不完美。

②认知目标：认识青春期的生理、心理变化。

③行为目标：掌握应对青春期变化的方法。

三、教学思路

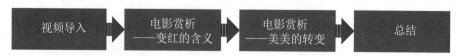

视频导入 → 电影赏析——变红的含义 → 电影赏析——美美的转变 → 总结

四、教学准备

课前两周播放电影《青春变形记》、学生写电影观后感、PPT、电影《青春变形记》片段。

五、教学过程

（一）视频导入

师：PPT 播放，《青春变形记》先导片，回顾影片内容。

生：概括分享电影内容。

剧情简介：

每当她产生兴奋、焦虑、愤怒等情绪时，就会变成一只巨型棕红色熊猫。变身红熊猫是美美家族里每个女性的"成人礼"，通过特殊的道术仪式，美美可以在一个月后的红色月食之夜，选择剔除体内的红熊猫。影片聚焦的也就是在这一个月里，美美所经历的找寻自我、与好友的日常相处、与家人在以爱为名的"亲情锁链"下发生冲突的故事。

主角：步入青春期的 13 岁华裔女孩。

（二）电影赏析——变红的含义

师："美美变棕红色熊猫隐喻什么？"

生：自由分享。

小结：变红具有五大含义，分别如下：

第一层含义：生理、心理变化。

生理的变化：青春期的到来。

美美在首次变身时，妈妈以为她是来了月经初潮，是生理层次的"变红"，当然身体变化还有：体型、红色、身体的气味。意味着她在身体上的变化，不再是个小女生了。

心理的变化：

①强烈的自我意识并对不如意的部分感到难堪，强烈的情绪波动，她第一次学习接受、正视"情窦初开"时的五味杂陈。

②渴望独立和依赖父母的矛盾。

③情绪变化起伏大。

第二层含义：宗族的遗传。

美美在情绪激动时就会变成红熊猫，这个设定就像恐怖片中的狼人，在月圆之夜变成狼一般，美美的大家族，是如今颇为少见的母系家族，她们供奉的受人敬仰的祖先新怡，是传说中的红熊猫守护者，靠变成红熊猫巨兽来保卫族人，这也是为什么，这种特异能力会经母系遗传，一代代传承下来，这种能力在和平年代反而成了众人眼中的"诅咒"，但最终也是靠妈妈以及家里的每一位女性曾经都有和美美一样的经历，才让母女得以和解。

第三层含义：少女的精神。

情绪上的不稳定在片中指代的就是青春期的到来，处在她们这个年纪的女生，可能非常细小的情感细节，对她们而言就是全世界最重要的事情。

第四层含义：跨文化产物。

影片的导演是一名华裔，在这部电影中可以看到很多的中国元素、中国文化。"变红"是中华文化与加拿大或者欧美文化两种文化间的"跨文化产物"，熊猫作为中国的国宝，是影片中中华文化的主要象征，同时红熊猫红色与白色的融合也是两种文化（国旗）的融合，而主人公美美也是两种文化间的"跨文化"者：一种是在学校借助红熊猫的方式社交、赚钱，成为学校里的"酷女孩"，而在家里，她又要满足家人的期待，成为家长眼中遵守孝道的"乖女孩"。在这个过程中，一开始的美美丢失了自我。最后美美能够在这两种角色当中找到自我，这两种文化也不再成为禁锢她的藩篱，而变成她的力量。

第五层含义："变红"与"剥除变红"的仪式。

片中，该仪式的完成需要家族其他女性的见证，把自身里的红熊猫剔除掉，此处的剔除红熊猫，指的是每个女生都要克制自己的喜怒哀乐，包括克制她们性格里的暴躁与缺陷、学会自控，在传统观念下，女性要贤良淑德、沉默寡言，所以剔除掉这些所谓的缺陷，相当于给女性加上了枷锁。该仪式借喻了我国的宗族传统对女性的规诫与思想的禁锢。

但是美美两次选择了放弃,第一次放弃有点孩子气,第二次十分坚定地拒绝了妈妈的要求。

(三)电影赏析——美美的转变

师:播放"美美接受仪式"的视频。

简介:一开始的美美期待红月封印红熊猫(一开始的美美因为红熊猫的到来惊慌失措,妈妈得知事实后,告诉美美红熊猫的由来,它是神灵赐予他们祖先新怡对抗强盗的礼物,不过美美并不这么觉得,她认为这只是一个诅咒。妈妈告诉她只要通过红月之时的仪式,熊猫就能被封印起来)。

师:播放"美美拒绝仪式"的视频。

简介:红月当空,道长高举宝剑一道红光从剑中集中在美美身上。随后她发现自己来到了一处竹林之中,在这里,她看到祖先新怡女神。女神变成一面镜子,美美走过镜子之后红熊猫就会被封印,在关键时刻美美看到了红熊猫痛苦的模样,不由得想起和红熊猫美好的记忆,她决定和红熊猫共存。

师:美美最后为什么能拒绝剔除"红熊猫"?

生:讨论并分享。

小结:

①接纳自己的不完美。

②朋友的支持。

③与妈妈和解(回忆妈妈的付出)。

④找到控制情绪的窍门(自我暗示)。

师:你觉得青春期应该是怎样的?

生:讨论并分享。

(四)青春寄语

每个人都是多面的,并不会面面皆完美。重点不是抹去自认为不好的一面,而是学会与不完美的自己相处。

　　每个人的内心都有一头野兽，那是人与生俱来有的欲望。在合适的时候释放，在合适的时候将其压抑，那么你将具有无穷力量。

　　接纳青春期的"红熊猫"，发现更好的自己。

六、教学建议

教学资源：

①公众号：心理老师成长联盟：接纳青春期的"红熊猫"。

②公众号：心音阁：心理课《青春变形记》：勇敢做自己。

"积极归因再出发"
初一年级归因风格主题课程

一、学情分析

　　归因风格是指个体在长期的归因过程中形成的比较稳定的归因倾向。初中生正处于人生发展的重要阶段，总是有意无意地针对自己的学习成绩、人际关系等方面产生的问题寻找原因，不同的归因方式不仅直接影响学生的情绪，而且还会影响到学生的行为动机，甚至下一步的行动。良好的归因方式能够提升自我效能感，提高动机水平，形成积极、良好的心理状态。本节课让学生了解自己的归因特点，认识到归因方式对行为结果的影响，引导学生学会正确积极的归因。

二、教学目标

　　①情感目标：感受不同归因方式带来的不同感受，在调整归因方式的过程中收获积极力量。

　　②认知目标：认识到合理归因的重要性，了解和体会到不同归因倾向对个体情绪和行为的影响。

　　③行为目标：能够客观分析自己的归因模式，学会积极的归因方式。

三、教学思路

情景导入　▶　积极归因　▶　重新出发

四、教学准备

PPT、纸张。

五、教学过程

（一）情景导入

师：今天早上，你在上学的路上看到一个人闯红灯被抓，你觉得会是什么原因？

生：思考并分享。

师：我们在解释自己和他人行为起因的方式的过程，就叫归因。我们总体会有一个归因风格，也就是对什么事情进行什么类型归因的一种倾向或者习惯。

（二）积极归因

周末，你和朋友玩得很开心，晚上回到家已经九点了。你本来想早点休息，但是妈妈说抓紧时间看看书，所以让你把第二天要上的科目都预习了一遍再睡。第二天早上，闹钟居然没有响，爸爸叫你起床的时候已经快8点了。你匆匆忙忙赶去学校，在路边的早餐摊买了早餐，提着就走。好不容易到了学校，上课铃声早已经响了，而第一节正是班主任的课。来到座位坐下听课，发现语文书没有带，你想这一次班主任是不会放过自己了。果然，下课后，你就被叫去了办公室。

①你觉得班主任为什么会叫你去办公室呢？请你把原因写下来，并按重要性从重到轻排一排。

生：思考、记录并分享。

②哪些原因是"我可以控制"的，哪些是"我不能控制"的？

生：分类并分享。

师："第一节课上班主任的课""妈妈不让我早点睡觉"等是自己不能控制的，都是外因，外向归因是指把事情的起因归因为行动者的外在因素或处境而造成的，包括环境条件、情境特征、他人的影响等。

而自己可以控制回家的时间、提前做好预习、检查闹钟、好好整理书包、调整自己的心态等，这都是内因，只要自己想做，是可以做到的。行为原因归因于个人的特征，称为内归因，包括个体的人格、情绪、心境、动机、欲求、能力、努力等。

③你觉得这次被班主任叫去办公室归结于什么，能帮助自己下一次不再被请去办公室吗？当这样归因时，你有什么感受？

生：思考并分享。

师：此时归因于可控的内因更利于自己进步。自己可以控制回家的时间、睡前复习、检查闹钟、好好整理书包、调整自己的心态等，这都是内因，只要自己想做，是可以做到的。当这样归因时我们会感受更多的内疚感，能意识到自己的不足，可以在下次通过努力改变事情的走向。

④每个人在对自己的成败归因时，会有各种不同的倾向，那么不同的归因方式是否会影响最后的结果呢？请同学们思考假如你用另外一种归因方式，会有什么不同？

生：思考、讨论并分享。

师：每个人的归因方式不同，无论是内归因还是外归因，积极归因风格会促进下一步的学习和训练，反之，消极归因风格会影响今后的学习动机和努力方向，直接会影响我们下一步的行动。

⑤如果让你重新过这一天，你会怎么做？

生：思考并分享。

小结：客观分析成败原因，先从自己内部找原因，激发自我责任感和信心。要尽量找自己可以改变的原因，不要过多归因于不可改变或太难改变的原因。积极归因不是为失败找借口，而是寻找改变的方向，不是一味自责，而是相信自己可以完善。

（三）重新出发

闭上眼睛，静静感受一下曾经失败的经历：你有什么话想对当时的自己说，请给那时的自己写一封信吧！

师：良好的归因方式能够提升自我效能感，提高动机水平，形成积极、良好的心理状态。

六、教学建议

这节课的教学环节虽然不多，但是为了让学生有更深刻的体验，每个环节设计的内容比较深入，所花费时间较多。教学的重点应该放在学生的参与、体验和分享上，通过活动去引导学生思考。

参考资料：

公众号：致敬班主任：心理导航丨借归因之风 助学生成长。

"时间管理 我有方"
初二年级学习适应课程

一、学情分析

时间管理是指通过事先规划并运用一定的技巧、方法与工具实现对时间的灵活以及有效运用，从而实现个人或组织的既定目标的过程。进入初中后，学生学习任务重，学习的科目和难度骤然增加，总是觉得时间不够用，在很多事情堆积的情况下，会觉得焦头烂额。让学生意识到时间和管理的重要性，学会科学地进行时间管理，能够更好地适应初中的学习强度，提高学习效率。

二、教学目标

①情感目标：意识到时间的宝贵，树立珍惜时间的意识，增强管理时间的信心。

②认知目标：明白合理分配时间的重要性，学会分析自己的时间利用情况。

③行为目标：把学到的时间管理策略运用到实际生活中去。

三、教学思路

我的时间分配图 ➡ 时间管理方法 ➡ 课堂总结

四、教学准备

PPT。

五、教学过程

（一）我的时间分配图

师：请同学们回忆自己每天的时间都用来做了哪些事情，并在圆上按比例标出来，完成一个圆饼图。

完成后请学生思考：

①你一天的时间主要花费在哪些方面？

②一天 24 小时，你还剩多少时间可以拿来学习？

③你对目前使用时间的情况满意吗？

④未来，你想从哪些方面去改善？

教师小结：时间是宝贵的，我们能用来学习成长的时间很有限。在我们日常生活中，我们该如何管理好时间，充分利用好每一秒每一分钟呢？

（二）时间管理方法

定目标列计划——SMART 原则。

小张周日给自己定了个计划：计划复习英语。

师：按照小张的计划去执行容易出现什么问题？你认为需要怎样修改这个计划才更合理？

生：学生思考讨论并分享。

师：没有明确具体的目标，计划就难以执行。制订科学的目标，可以参考 SMART 原则。

第一，定目标必须是具体的（Specific）。比如"复习英语"不是个具体的目标，可以改成"复习英语单词（第一单元）"。

第二，目标是可以量化的（Measurable）。用具体的数字指标进行量化。

第三，目标是可能实现的（Attainable）。制定的目标要符合自己的能力，很难完成的目标会对自己产生消极的影响，不利于自我进步。

第四，目标之间有相关性（Relevant）。每一个小目标的制订都要指向总目标，每一个小目标对于总目标而言是有价值、有意义的。

第五，目标要有完成的时间限制（Time-limited）。比如花费大约60分钟去完成这个目标，按照时间设定完成任务，避免拖延。

师：小组合作，根据SMART原则重新帮小张制订一个明确的周末计划。

教师小结：做好时间管理的第一步是要有目标，没有具体可行的目标，就难以执行。

分清轻重缓急原则。

小张在上午除了复习英语，还需要出门拿快递，写字帖练字，计划去看电影。

当任务过多时，要学会按照"轻重缓急"原则进行正确的取舍。把事情按照紧急、不紧急、重要、不重要的排列组合分成四个象限，小张的时间安排可以绘制出四象限。

教师小结：在学习生活中，我们可以根据事情的轻重缓急来决定优先处理什么事情。重要紧急的事情马上去做，重要不紧急的事情要计划做。不重要紧急的事情可以让别人帮忙做，不重要不紧急的事情减少做或者选择做。

（三）课堂总结

再好的计划，如果没有很好地执行，就是空谈。时间是公平的，希望同学们能珍惜好每一分每一秒，做时间的主人。

六、教学建议

本节课内容较多，合理安排把控各环节时间。"时间管理方法"环节可以结合第一环节的时间分配图进行讲解，更加贴近学生的实际生活。

"做情绪的小主人"
初二年级情绪管理主题课程

一、学情分析

情绪是人对于客观事物与自己的需要是否相适应而产生的态度的体验，它与心理健康关系密切，是心理健康的重要标志之一。中学生处在生理和心理都迅速发展的特殊时期。生理上，第二特征的出现带来了性的觉醒，身体上产生了巨大的变化；心理上，自我意识萌芽，自我感知和独立意识逐渐增强。生理和心理上的变化，也导致了情绪发展呈现出情绪体验加强、具有冲动性和爆发性、情绪不够稳定、具有两极性等特点。因此，让他们认识情绪以及情绪产生的原因，掌握有效的调控方法，对中学生的身心健康有着重要的作用和意义。

二、教学目标

①情感目标：重视情绪调控，培养良好的情绪。

②认知目标：了解情绪 ABC 理论，认识到情绪是可以调节的，理解调节情绪的重要性，初步掌握用情绪 ABC 理论调节情绪的方法。

③行为目标：提高调节情绪的能力，初步掌握用 ABC 理论调节情绪的方法。

三、教学思路

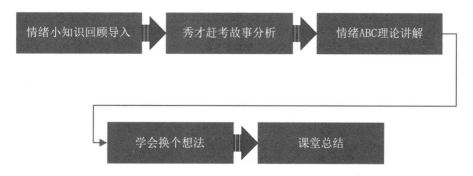

四、教学准备

PPT、《三国演义》剪辑视频片段"诸葛亮骂死王朗"《秀才赶考》视频。

五、教学过程

（一）课堂导入：情绪小知识回顾

①人的情绪有哪些?

②情绪有好坏之分吗?

③情绪与身体健康有联系吗?

生：举手回答。

师小结：人的基本情绪有：喜怒哀惧，还有羞耻、嫉妒、内疚等复杂情绪。情绪虽然没有好坏之分，但是每一种情绪都应该在一定的程度范围内。中医有云：喜伤心、怒伤肝、哀伤肺、惧伤肾。五志（分别是怒、喜、思、悲、恐）与五脏（分别是肝、心、脾、肺、肾）相连，五志过极会影响其所对应的脏器的功能。这里所说的"过极"就是指超过一定程度的意思。也就是说当某种情绪达到一定程度并且不能及时控制，是会对我们的机体造成一定影响的，还可能影响我们的身体健康。

PPT 展示表情包诸葛亮经典台词"我从未见过如此厚颜无耻之人"，并播放三国演义剪辑片段"诸葛亮骂死王朗"：王朗由于过度愤怒而害了性命。

动动脑：情绪是由什么决定的？我们应该如何去管理调控好自己的情绪呢？

师小结：如果我们像王朗那样，控制不了情绪，反被情绪所害了性命，是多么悲惨啊。可见学会调控自己的情绪是多么重要，那么本节课就让我们一起来学会掌控自己的情绪，做情绪的小主人吧！

（二）引出主题：做情绪的主人——情绪 ABC 理论

1. 情景再现

当路上遇到不熟的同学对你说："你人太好啦！"

甲同学：……（高兴）

乙同学：……（疑惑）

丙同学：……（悲伤）

丁同学：……（厌烦）

请同学上台分别扮演各个角色，并设计一句合理的台词去回应。

生：分别上台扮演。

甲同学：谢谢你这样说我！（高兴）

乙同学：我跟你又不熟，你这样说什么意思啊？（疑惑）

丙同学：你的意思是说我以前很不好吗？（悲伤）

丁同学：这还用你说吗！（厌烦）

师：同样是一句话，但是不同的同学却有不同的反应及情绪，这是为什么呢？

2.《秀才赶考》视频播放

秀才进京赶考，在客栈投宿的晚上，做了三个梦：①梦见自己在高墙上种白菜；②梦见下雨天戴斗笠还打了伞；③梦见和朋友睡在一起，但是背靠背毫无交流。

秀才找算命先生解梦，算命的说：①墙上种白菜是白搭；②戴斗笠又打伞是多此一举；③背靠背睡证明没戏唱，预示考试没有好结果。秀才一听，心灰意冷，准备收拾东西回家，客栈老板看到又了解了来龙去脉，便给秀才解梦到：①高墙上种白菜——高中；②戴斗笠又打伞——有备无患；③和朋友背靠背——总有翻身的时候。秀才一听，信心满满地参加考试，结果高中探花。

思考：秀才的情绪为什么会经历从悲到喜的变化呢？

生：思考并举手回答

师小结：同样的三个梦，只是对梦的看法与解释不同，造成的结果也就大不相同了。（由此引出情绪 ABC 理论分析）

（三）情绪 ABC 理论

创立者：美国心理学家 A. Ellis（埃利斯）于 20 世纪 50 年代首创。

观点：使人们难过和痛苦的，不是事件本身，而是对事情的不正确的解释和评价。

ABC 理论认为：A 指的是诱发事件，C 指的是情绪和行为的结果，A 和 C 之间还有个 B，B 指的是我们的大脑会对这些事件进行加工，形成自己的想法、解释和评价，也就是自我信念，它会在中间起作用。情绪和行为的结果 C，并非由某一诱发事件 A 本身所引起，而是由经历了这一事件的个体对这一事件的不同解释和信念 B 所引起的。

半杯水思维，PPT 展示半杯水思维图像。

乐观者：哈！还有半杯水！

悲观者：唉，只剩下半杯水了。

思考：是什么决定了我们的情绪反应？

生：思考并回答。

师小结：是看法决定了我们的情绪反应。要调控情绪，重点在于我们对事件的看法（即信念）。最后产生的情绪反应及行为结果 C 关键在于我们对于诱发事件 A 所产生的看法及评价即信念 B。如果 B 是合理的、现实的，那么由此产生的 C 也就是适应的；否则，非理性的信念就会产生情绪困扰和不适应的行为。

思考：非理性信念有什么特点呢？

生：讨论并回答。

师小结：

①绝对化的要求：从自己的主观愿望出发，认为某一事件必定会发生或不会发生，常用"必须"或"应该"的字眼。比如，所有人都必须喜欢我。

②过分概括的评价，以偏概全：对自己、对别人非理性评价，别人稍有差错，就认为他一无是处，其结果导致一味责备他人，并产生敌意和愤怒情绪。

③糟糕至极的结果：认为事件的发生会导致非常可怕或灾难性的后果。这种非理性信念常使个体陷入羞愧、焦虑、抑郁、悲观、绝望、不安、极度痛苦的情绪体验中而不能自拔。这种糟糕透顶的想法常常是与个体对已、对人、对周围环境事物的要求绝对化相关联的。

生活中的不合理信念：任何事物都应按自己的意愿发展，否则会很糟糕；一个人应该担心随时可能发生灾祸；情绪由外界控制，自己无能为力；已经定下的事是无法改变的。

（四）学会换个想法（站在积极有希望的角度去看问题）

要求：请同学们将下面会使人心情不舒服的想法（信念）转变一下，换一个能够令人心情更舒服的想法（信念）。

悲观的想法：

①我个子矮，别人肯定瞧不起我。

②一个人犯了错，那一辈子也抹不掉。

③我没有一点长处，真没用。

④我必须与周围每一个人搞好关系。

⑤我家境贫寒，根本找不到自信。

生：思考并在纸上写出自己的答案，并举手回答。

师小结：

①浓缩就是精华。

②知错能改善莫大焉。

③天生我材必有用。

④金无足赤人无完人。

⑤穷人家的孩子早当家。

（五）课堂小结

①情绪是由我们对事件的评价引发的。

②对同一件事，不同的人会有不同的想法和情绪。

③同一件事，同一个人也会有不同的想法和情绪。

④在事情无法改变的情况下，要想改变情绪最好的方法是改变我们对事件的评价。

我们不能改变世界，但我们能够改变对世界的看法。事物都是有两面性的，我们应该从好的方向想，愿我们每一个同学都能做情绪的小主人，导出积极的情绪，每天保持好心情！

六、教学建议

本节课通过教师案例分析及理论知识讲解，比较详细且充分地讲解了情绪 ABC 理论，使学生认识到对事件的看法决定了我们的情绪反应，让学生在一定程度上掌握了调控情绪的方法。

不足之处：由于理论性知识较多，整节课偏教授性一点，趣味性不够强，学生的体验性差了一点。有些同学思考讨论问题不够积极主动，需要教师耐心细致引导。

"青春舞曲"
初二年级人际交往主题课程

一、学情分析

处于青春期的学生对异性充满好奇与好感，他们渴望接近异性，并试图与异性同学建立要好的关系。这种需要是正当的，也有助于个体的心理成长。然而，由于青春期的学生过于敏感，富于想象，他们当中不少的同学在与异性交往过程中，把握不好友谊与爱情的界限，常将友谊误认为是爱情，导致心理产生困扰；或者因为没有处理好感情失去理智，有的学生陷入早恋的异性关系中，影响其学习效率和心理的平衡。因此，在初二年级设计一节帮助学生认识到友谊与爱情的界限，使其认识到早恋对自我发展的不利影响，从而端正学生的思想，树立正确的异性交往观念的心理健康教育课是非常有必要的。

二、教学目标

①情感目标：端正自己的情感需要，发展友谊。

②认知目标：了解友谊与爱情的区别与界限。

③行为目标：学习处理异性朋友之间的一些误会与烦恼。

三、教学思路

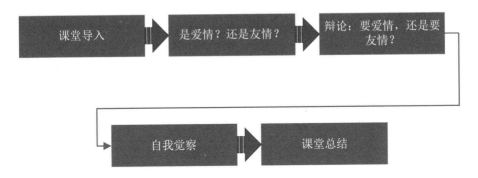

四、教学准备

PPT、张韶涵歌曲《亲爱的那不是爱情》。

五、教学过程

（一）课堂导入：小青的烦恼（心理老师收到的一封信）

老师您好！我叫小青，是一个性格活泼开朗成绩较好的学生。正是如此，班上有一名男生经常与我讨论学习上的问题。班里的同学看到我跟那个男生走得比较近，就开始起哄，说我跟他"谈恋爱"。我很不明白，难道男生与女生之间，只是经常讨论交流学习上的问题就是谈恋爱了吗？就不能是正常的同学朋友关系吗？老师您说男生女生之间到底该如何相处？男生女生之间难道除了爱情就没有其他的情感了吗？

教师导语：其实小青的烦恼在我们身边很常见。特别是现在校园青春偶像剧的流行，在校园里，异性之间稍微接触交往多一点，就容易被认为在"谈恋爱"。似乎男女同学之间，除了"爱情"这种情感模式之外，就没有其他了。可事实上真的如此吗？本节课我们就一起来探索这个问题，让我们在这样的青色年华花季里，能够和谐合适地与异性合作一场"青春舞曲"。

思考小题：请用"爱"组词（两个字的词语即可），尽量开动脑筋，写得越多越好。小组讨论2分钟后，由小组代表上黑板写出本组答案。

教师小结：同学们写得很不错。我们把这些词语分类，可以发现能够分成5类，分别是：

①爱情相关类，如情爱、爱情、爱恋等；

②友爱相关类，如友爱等；

③亲人之间的爱相关类，如父爱、母爱等；

④广泛的人与人之间的爱相关类，如博爱、仁爱等；

⑤自爱。

从这些词语我们可以发现，人与人之间其实有很多种"爱"，这些爱当中，又以"爱情"的词语最为丰富，这也是为什么同学们那么容易陷入这个话题。但是，除了爱情，朋友之间的爱即友爱，也是非常常见的。所以我们在与异性同学交往时，能够发展出的不一定就是爱情，很多时候其实是友情。

（二）是爱情还是友情？友情与爱情的区别

情境1：小红体育较弱。一次体育课因为迟到五分钟被老师罚做10个俯卧撑，小红努力艰难地做了五个后，明显感到体力不支且脸色苍白。此时同班男生小明注意到了小红的情况，向老师建议免去后面5个。小红在心里暗自感谢小明，且心生好感，认为小明是一个热心又乐于助人的人。之后小红为加强体育，课后经常约上自己的闺蜜小玲跑步锻炼，恰好遇见小明也在跑步，于是三人经常互相监督，一起跑步。临近期末，小红的体育跑步成绩提高了不少。

情境2：小蓝是一个比较安静不太起眼的女孩，平时朋友也比较少。一次因为感冒不舒服，同学小军（男生）得知，去宿舍拿了一盒感冒药给小蓝。小蓝倍感被关心的滋味，对同学小军心生好感。更是向小军发出"做我男朋友吧，以后只可以这样关心我一个人"的邀请。两个人开始像情侣一样，有空经常一起单独"约会"。还经常感觉一日不见如隔三秋。小蓝上课经常走神，总是不由自主地看着小军，想入非非。因此小蓝的成绩下降很快。

师：引导学生讨论并分析这两个情境，并从中找出爱情与友情区别的线索。

①同样是对待有好感的异性同学，小红与小蓝有哪些不同？（从情感、行为上去比较）

②为什么同样是与异性交往，小红与小蓝的结果却截然不同。这两个人的故事对你有什么启发？

③你认为友情与爱情存在哪些区别？

生：小组讨论并分析，学生代表发言。

教师结合学生的讨论，进行讲解：

①情感上：小红对小明的好感，是欣赏其为人热心、乐于助人的品质。且这种好感并不是很强烈，没有上升到"一日不见如隔三秋"的程度，也没有对小明产生那么多的幻想；而小蓝对小军的好感，是贪恋那种被人关心的滋味。因为想要获得更多的这种"关心"，更是将两人的关系发展成"男女朋友"，对小军有着强烈的思念之情，那句"以后只可以这样关心我一个人"更是像极了校园青春偶像剧的台词。同时还总是情不自禁地对小军产生幻想。

②行为上：小红对待小明就像对待普通朋友一般，并没有过多的亲近行为，两人的相处也是在公开场合下进行的，即使身边有自己的闺蜜小玲在场，也一样自然。且与小明更多的是一种合作伙伴或朋友的关系，两人是互相监督，共同进步，小红也因此在体育跑步方面上得到了很大的进步；而小蓝对小军，则更倾向于情侣的相处模式。两人经常单独约会，说明其相处模式有隐秘性及"排他性"（不能容纳第三人在场）。两人的社交距离已经明显跨越了普通的异性交往的距离。

③其实对异性的好感并不等同于爱情，同学们需要把握好友情与爱情的界限，权衡与异性交往过程中的利与弊。如情境1中的小红，合适地把握了与异性同学的相处尺度，而这样的关系还使她的体育跑步有了进步，

这样相处其实就是很好的。而情境 2 中的小蓝，因为与异性同学过度亲近交往，则陷入了一些情感上的折磨，也因此干扰了正常的学习，而导致学习下降。

④发展异性同学之间的友谊是可以的，这有助于自身的心理成熟。但是，如果交往中没有把握好言谈举止的分寸，或没能正确地认识、分辨对方的态度，则容易造成误解，将友谊误认为爱情。其实，两者是有区别的，友情不等于爱情。虽然友情和爱情有共同的地方，如好感和给予，但它们也有明确的区别：第一，爱情以异性间的性爱为基础，是建立在男女双方间的一种崇高纯洁的情感；第二，爱情的目的和归宿是两性的结合，组成家庭；第三，爱情是专一的、排他的，只能在一对男女之间形成特殊的感情。友情则不具备这些特点。当然，在一定条件下，友情和爱情也可以互相转化。所以，在与异性同学交往时，学生们需要把握好交往的尺度，否则就可能陷入不明确的异性关系中，影响双方的心理健康。而一旦发现产生了误解，则需要冷静下来，正确面对，切忌自我责备或纠缠不休。

（三）分组辩论：要爱情，还是要友情？聊聊中学生恋爱的"利"与"弊"

辩论要求：请同学们结合生活中的事例（这方面的阅历或经历），每个小组推选一个同学为主讲，一个同学为副讲，然后进行主题辩论。辩论可以针锋相对，但要避免人身攻击。

生：讨论准备后，代表上台辩论。

教师小结：中学生恋爱中的"利"与"弊"。

"利"：①可以满足自己情感的需要；②恋爱可以避免人际孤独；③恋爱可以帮助双方提高；④恋爱有助于对异性的了解；⑤恋爱是令人激动的；⑥恋爱是浪漫的。

"弊"：①过分关注二人世界，忽视了自我发展和兴趣爱好的培养；②在某种程度上使人际关系更加疏远；③更多见的是带来更多的烦恼，影响学习的效率；④恋爱限制了与更多异性的交往，并不能真正了解异性；

⑤恋爱也使人冲动，控制不好还会导致越轨行为；⑥中学生的恋爱通常是随意的，缺乏对爱情的真正理解；⑦面对恋爱中的摩擦和挫折，中学生的调节能力是有限的；⑧面对学习的压力，如何协调学习与恋爱的矛盾也是很现实的问题。

（四）自我觉察：我属于哪种状态？

学生要求：根据每个陈述句是否符合自己的情况，诚实地在题号后面画上"√"或"×"，学生间可保密。

①除了在同一教室上课，我不太愿意与异性同学交往说话。

②在与异性交往中感到紧张或不自在，总担心别人说闲话。

③除了必要的班级或学习活动外，我很少和异性同学交往。

④我对异性比较好奇，很想与他（她）们交流。

⑤有时我会跟异性同学一起讨论问题，谈论有趣的事和自己的爱好。

⑥很想接近异性，并主动帮助异性同学，与之建立朋友关系。

⑦觉得跟异性一起学习效率更高。

⑧总是注意某一异性的动作，注意他（她）的眼神，总是想接近对方，有时上课走神，无心学习。

⑨遇见有让我心神不宁的异性。

⑩他（她）时常在我脑海里闪现，对他（她）的事特别关注。

⑪我曾经对异性同学表露过我很喜欢他（她）。

根据答案进行自我对照，看自己属于哪种状态：1～3打了两个"√"的，说明异性交往不足，需要调整心态。4～7都属于很健康的异性交往。8～11打了两个或两个以上"√"的，要警惕自己过早进入恋爱中。

（五）课堂总结：播放张韶涵歌曲《亲爱的那不是爱情》

师总结：其实就像歌曲里唱的那样，我们初中的学生时代与异性之间的那种感情并不是真正的爱情。爱需要很多东西支撑，更需要能力；与其匆匆步入爱河，不如静静等待成长。在这样的青春年华里，老师愿你们都能把握好与异性交往的尺度，以相互尊重为"本"，相互谅解为"荣"，相互帮助为"宜"，演绎"青春舞曲"。

六、教学建议

本节课通过案例引入、情境分析及小组辩论的形式，有效地启发了学生对于青春期异性交往的思考。同时充分地让学生进行这方面问题的见解与表达，帮助学生明确什么是真正的爱情，与学生一起探寻和澄清关于恋爱和爱情的态度与观念，正确与异性交往，帮助学生形成成熟的恋爱与爱情观。

不足之处：本节课设置的问题较多，但是有些同学不够积极主动去思考讨论问题，需要教师耐心细致引导。在辩论环节中，教师也要及时观察学生的讨论准备情况，可以适当给出线索与引导，使学生充分进行思考。

七、教学资源

歌曲《亲爱的那不是爱情》。

"我相信我"
初二年级认识自我主题课程

一、学情分析

自信心是一个人对自身价值和能力的充分认识和评价。自信不但能带来快乐和愉悦的内心体验，更能激发人的各种潜在的能力，是积极心态的催化剂，是一个人成才所必备的良好心理素质和健康的个性品质。初二年级学生正处于青春期，正是探索自我的关键时期，如果这个时候不自信，那么在未来成长中遇到很多问题都不能积极地面对，而在平时与学生的接触中，我们也发现，不少同学总是习惯性地为自己设限，过高地估计困难的难度而低估自己的能力，导致在困难面前退缩，自信心受到打击。因此，帮助他们树立自信、挖掘自身潜能显得尤为重要。

二、教学目标

①情感目标：树立自信，培养积极的心态。

②认知目标：认识到人有无限的潜能，自己也不例外。

③行为目标：懂得在平时学习、生活中不断激发自己的潜能，积极应对困难。

三、教学思路

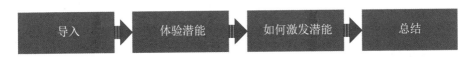

导入 → 体验潜能 → 如何激发潜能 → 总结

四、教学准备

PPT、视频《感动中国人物刘伟》《面对巨人》。

五、教学过程

（一）导入

①播放视频《感动中国人物刘伟（无臂钢琴师）》。

②学生分享感受。

③教师：结合视频内容和学生分享，引导学生认识到人的潜能是无限大的，每个人要树立自信心，在困难面前，不断挖掘自己的潜能。

（二）体验潜能

游戏：掌声响起来。

①教师邀请学生用最快的速度双手鼓掌，预计自己一分钟能拍多少下；

②进行实践验证，学生汇报结果；

③教师：结合学生的实践验证结果，引导学生体验到"我们的能量超乎我们的想象"，很多时候我们会低估自己的能力。

（三）如何激发潜能

活动一：一杯水的容量。

实验：一个装满水的水杯，可以放下多少个回形针。让学生先估计再实验。

实验后提问：

①你有没有被实际投放和预计投放的回形针数量差异惊讶到？

②在你进行尝试之前，你有没有想过可以加进去这么多的回形针？

③在这个过程中，你最深的体会是什么？

学生分享。

教师：结合学生分享，引导学生认识到这杯水的容量，就好比是人的潜能，看似已经满了，但实际上还有很大的空间。学习上生活上很多事情也是如此，看似不可能，但是如果我们没有亲自尝试过，那么我们就没有资格轻易说这不可能。

板书：尝试。

活动二：解开千千结。

游戏规则：以小组为单位围成一个圆，每个人面向圆心，双手交叉，握住旁边同学的手，即你的左手握住右边同学的右手，形成一个圆圈。交叉的双手就是圆圈的一个"结"。然后通过尝试，在不松手的情况下，把这个"结"解开，变成每个人的左手牵着你左边同学的右手。（教师请三位同学示范起始状态和最终状态）。限时5分钟，完成的小组迅速举手示意，若5分钟内，没有完成的小组，也要听从指示结束游戏。

学生活动，教师观察。

活动分享：

①成功的小组，能说说你们成功的经验吗？

②失败的小组，你们总结原因了吗？如果再给你们一次机会，你们会成功吗？

③从中得出什么启示？

教师：结合学生的分享，引导学生认识到在刚刚的游戏当中，如果我们没有一个正确的方法，那么就算我们不断地采取行动，一直坚持不懈地尝试，也许我们永远也战胜不了困难。因此，当我们不断地去努力之后却发现并没有多大进展的时候，应停下来想一想自己的方法是否正确。

板书：方法。

活动三：观看视频《面对巨人》。

一个足球场的长度是100米（110码），布洛克背着一个72公斤（160磅）的人走完了全场，这个过程中，他的教练喊了13次，对了（就是这样），喊了15次加油，喊了23次别放弃，喊了48次继续，继续……

分享感受：

①该视频讲了什么？

②最触动你的一幕或者一句台词是什么？

③你觉得这个视频告诉了我们什么？

教师：结合学生的分享，引导学生认识到世间最容易的事情就是坚持，最难的事也是坚持，说它容易，是因为只要愿意做，人人都能做到，说它难，是因为真正能够做到的终究只是少数人。

板书：坚持。

（四）总结

教师总结：挖掘自我潜能的三部曲，第一步，勇于尝试，在没有尝试之前不要轻易说"我没有办法做到"，要知道遗憾比失败更失败。第二步，积极寻找正确的方法，很多时候，我们没有成功不是因为我们能力不行或运气不好，有时只是因为我们还没有找到解决问题的正确方法。第三步，坚持到最后，有了尝试，有了正确的方法，那么我们需要做的就是坚持到底。

六、教学建议

活动二"解开千千结"比较受场地的限制，如果场地较小，学生活动不开，应随机应变。

"思维导图助学习"
初二年级学习效率课程

一、学情分析

　　学科思维导图指以图示对学科知识体系进行结构化表征的过程，同时将结构化思考、逻辑思考、辩证思考、追问意识等思维方式融合进来，是一种基于系统思考的知识建构策略。随着学段的升高，知识越来越抽象和复杂，要求初中生对于学科知识必须进行理解性记忆和结构化思考。学会制作思维导图有助于学生建构所学知识之间的联系，帮助记忆，拓展相关内容，形成有效的学习策略，提高学习效率。

二、教学目标

　　①情感目标：感受思维导图的魅力，激发想象力，提高创造力，集中注意力。

　　②认知目标：认识思维导图在学习中的作用，形成有效的学习策略，促使学生学会学习，掌握制作思维导图的方法和规则。

　　③行为目标：能够在以后的学习过程中运用思维导图来梳理、提炼知识结构，并进行深度记忆。

三、教学思路

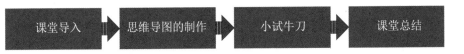

课堂导入　　思维导图的制作　　小试牛刀　　课堂总结

四、教学准备

PPT、纸笔、地理教材。

五、教学过程

（一）课堂导入

师：准备好纸笔，请同学们在 30 秒内，记忆以下词语，看看你能记住多少个。

鞋柜、枕头、电脑、蚊帐、锅、衣柜、空调、铲子、电视、床单、洗衣机、风扇、草席、沙发、桌子、茶几、刀具。

生：记忆并记录。

师：观察下图，并在 30 秒内进行记忆。

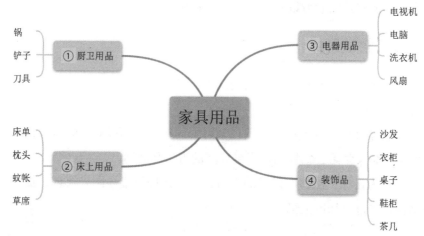

师：对比前后两次记忆的数量和记忆的内容有什么不同。

生：分享。

师：对两种不同形式的材料对比记忆，可以感受思维导图对提高记忆力的效能。

（二）思维导图的制作

①了解思维导图的用途。

②观察图片，寻找思维导图的关键特征和要素。

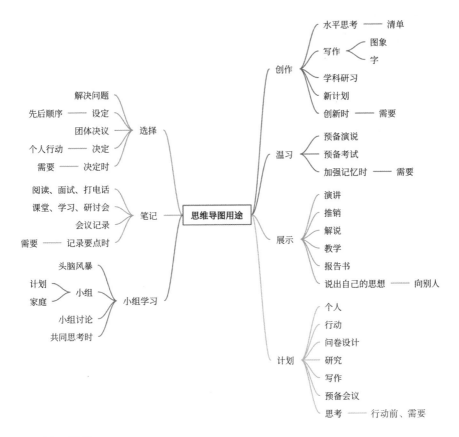

师：总结。

①找主题，画出中心词。

②浓缩词汇：将内容浓缩成词的过程，正是一种训练思考力的过程，是对概念、意义、思维的高度凝练。

③层次分明：字体、线条、图像的大小变化体现层次。

④添加制图元素：充分利用各制图元素帮助记忆，如：背景、颜色、字号、空间位置等。

（三）小试牛刀

师：请同学打开地理教材第二章第二节《气候》，认真阅读理解，并根据该小节内容制作出一份思维导图。

生：制作思维导图。

通过投影分享学生作品。

师：请同学们在欣赏他人作品的时候认真观察这些思维导图制作的优点和不足。

（四）课堂总结

制作的过程中，是你对自己思考的发散和浓缩，也正是经过了这么一个过程，知识才真正成为你智慧的一部分。

六、教学建议

思维"导"图，重在表达。在教学过程中应该引导学生在思维有序性、深刻性上做文章、下功夫，导是桥梁、转化，让思维过程和结果可视化。若一味心思在如何画、如何美化图上，就把创意思维导图的优势弄丢了。

"我的彩色蛋糕"
初二年级情绪管理主题课程

一、学情分析

情绪是人对于客观事物与自己的需要是否相适应而产生的态度的体验，它与心理健康关系密切，是心理健康的重要标志之一。初中学生由于其心理的发展还不成熟，在情绪特征上表现出好冲动、不稳定、极端化等特点，对自己的情绪表现缺乏深刻的认识，也不善于调节自己的情绪。因此，引导学生学会深度觉察情绪并掌握调节情绪的方法对学生身心健康发展尤为重要。

二、教学目标

①情感目标：体验并分享自己的情绪、合理地表达自己情绪。

②认知目标：能够较深度觉察自己的情绪并合适地表达出来，掌握一定的调控情绪的方法。

③行为目标：通过一定的方法合理地表达自己的情绪，提高调节情绪的能力。

三、教学思路

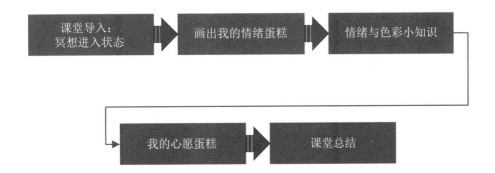

四、教学准备

冥想轻音乐；活动作业单。

五、教学过程

（一）课堂导入

PPT 展示宁静安详平和的图片，配合播放的冥想音乐使学生进入安静平和的心境中。

冥想引导词：现在，请你慢慢地闭上眼睛，选择一个你最舒服的姿势。好，现在请你深呼吸三次。深深地吸气，慢慢地呼气，再来一遍，深深地吸气，慢慢地呼气，再来一遍，深深地吸气，慢慢地呼气。带着平静和惬意，你徜徉在充满能量的光中，那是你最喜欢的颜色的光，它照在你的全身，从头到脚，包裹着你，你感到非常舒适，非常温暖，你觉得舒服极了。放松，让这束带着能量的光进入你的身体，把爱、关照和美好带进你的身体。随着你的一呼一吸，你将走进你的内心，让自己进行一次深度的心灵拜访。

你开始上上下下仔细地审视着自己，这些天里的开心、快乐、烦恼、忧愁——浮现，你发现你的情绪世界原来是有着这样那样的色彩，你沉浸其中，回味着这其中的点点滴滴。慢慢地，你的思绪飞到了更深处的记忆，那些对你影响至深、左右你心情的重要事件，一幕一幕，在你眼前浮现……

生：按照引导语进行冥想。

（二）画出我的情绪蛋糕

师：发放本节课所需的活动作业单。

要求：请同学们根据自己的情绪状况，在本节课活动作业单上创作出"我的多彩蛋糕"吧！出现过多少种情绪，就按比例画出自己的情绪蛋糕，并给自己的情绪蛋糕上色，比如，开心的时候涂上明亮的颜色（红、黄），不开心的时候涂上灰暗的颜色（灰、黑）。同时配合情绪蛋糕说明图补充完整。（创作完之后可以跟同学分享讨论交流）

可以从这四个角度去思考完成：

①我的情绪经常是？（高兴、郁闷？）

②出现这种情绪的原因？

③这种情绪带来的影响？

④我用来表达情绪的方式是？（说出来、用动作表现、藏在心里？）

生：创作自己的情绪蛋糕。

师：观察学生的创作情况，并引导学生进行讨论分享交流。

生：自愿上台分享自己的情绪蛋糕。

师小结：结合学生的创作情况及分享情况进行总结与分析（从经常出现的情绪、运用色彩、应对方式、对自己的影响这几个角度），注意说明进行自我情绪蛋糕创作本身就是一种较深度的自我情绪觉察与表达。赞扬能自愿分享的同学（能够进行分享是一种很好的情绪表达，应鼓励赞赏），还要强调在学生分享的时候，其他同学应该给予尊重。

（三）情绪与色彩小知识

师：我们的情绪，其实也是有色彩的。大自然中的各种色彩都可以陶冶人的情操。不同颜色会使人产生不同的情绪，从而引发心境的变化。颜色影响我们的心情，并能改变我们的情绪。五颜六色的光通过我们的眼睛进入我们的大脑，可能会在人体内产生一定的心理效应。每种颜色都有不同的效果，所以不同的颜色被用于不同的心理状况和情绪问题。

思考：请同学们分别写出红黄绿蓝黑白这6种色彩让你联想到的事物、你认为所代表的情绪及所象征的东西。

生：思考并回答。

师小结：心理学家研究了颜色与人的心理健康的关系，发现颜色可以影响人的情绪。一般情况下，红色表示快乐、热情，它使人情绪热烈、饱满，激发爱的情感。黄色表示快乐、明亮，使人兴高采烈，充满喜悦之情。绿色表示和平，使人的心里有安定、恬静、温和之感。蓝色给人以安静、凉爽、舒适之感，使人心胸开朗。灰色使人感到郁闷、空虚。黑色使人感到庄严、沮丧和悲哀。白色使人有素雅、纯洁、轻快之感。总之，不同颜色会给人的情绪带来不同的影响，使人的心理活动发生变化。我们也可以利用这些色彩，适度地去调控我们的情绪。

（四）我的心愿蛋糕

要求：请同学们再次创作画出你的多彩蛋糕，这次是你心愿中的情绪蛋糕（即将你期待的自己的情绪色彩世界绘画出来）。

生：创作自己的心愿蛋糕。

师：观察学生的创作情况，并引导学生进行讨论分享交流。

（五）课堂总结

我们的情绪世界丰富多彩，同学们能够认真细致地创作出自己的多彩蛋糕，非常棒！希望通过这节课，同学们能够更好地去觉察自己的情绪，并学会用色彩去表达甚至调控自己的情绪，同时祝愿每一个同学都能够吃上自己的"心愿蛋糕"。

六、教学建议

本节课通过绘画活动及学生讨论分享的形式，较生动有趣，活动性强，且较充分地发挥了学生的主体地位。从学生自我深度觉察开始，联系所学知识来了解情绪、表达情绪，调控情绪。给了学生较大的自我空间，使学生能够尽情表达自己的感受体验。

不足之处：有一些同学自我觉察不够深入，绘制情绪蛋糕时不够认真，教师应适当给出线索并细心引导。在分享环节应注意尽量多关注学生，避免忽略个别学生，让每一个学生都有参与感。

七、教学资源

①冥想轻音乐（四分钟左右）。

②作业单。

我的彩色蛋糕

班级：　　　　　　　创作人：　　　　　　日期：

我的多彩蛋糕说明图：

出现时间	情绪	色彩（需写明用这种色彩的原因）	事件	应对方式	影响

"挫折的修复魔法"
初二年级生命教育主题课程

一、学情分析

在教学过程中发现，初中生情绪不稳定，遇事容易冲动，处理问题的经验不足，而他们主要存在的问题涉及亲子沟通困难、人际交往、学习困难等方面，因为这些问题产生挫败感，有些甚至出现情绪失调、自我伤害、学习动机降低的现象。因此，增强学生的心理耐挫力，进行有效的挫折教育至关重要。基于上述情况，本课程通过视频、活动让学生认识挫折的普遍性，同时寻找应对挫折的方法，培养学生积极的心态。

二、教学目标

①情感目标：正确认识挫折的价值，培养笑对挫折的心态。
②认知目标：懂得挫折的普遍性，能够理性看待挫折。
③行为目标：掌握正确看待挫折的方法。

三、教学思路

课堂导入 ➤ 直视挫折 ➤ 笑对挫折

四、教学准备

纸杯若干、A4 纸。

五、教学过程

（一）课堂导入——纸杯搭建

活动规则：

每个小组有三个纸杯，三个纸杯叠起来，中间用一张纸隔着，抽掉纸，杯子不倒即为挑战成功。

小组成员轮流抽纸，全部挑战成功用时最少的小组获胜。

师：结合学生挑战的情况，询问学生失败和成功的概率，引导学生明白失败普遍存在。

（二）直面挫折——挫折修复的方法

1.停止精神内耗——观看《二舅治好了我的精神内耗》视频

师：引导学生讨论在二舅身上发生了哪些挫折，同时用一个词形容在二舅身上看到的生活态度。引出修复挫折的第一步是允许它的存在，保持对新生物的热情。

2.转变认知——用成长型思维看待挫折

思考：（小故事）有一位乞丐和富豪，同时迷路走进一座森林，数天之后，富商饿死了，但乞丐依然活着。后来有人问乞丐其中的奥妙，他说："我对饥饿已经习惯了，而且草根也可充饥，可那富商平日大鱼大肉，哪能承受这般苦，故而他早我而亡。"

讨论与思考：为什么同样的困难，不同的人有不同的结果？

师：引导学生用成长型思维看待挫折。明白无论是智商、性格或者各个领域的才能，都可以在后天改变和习得的本质，我们需要做的就在于不断拓宽自己的认知边界和能力边界。

（三）笑对挫折

生：思考近期在亲子沟通、人际交往、学习等方面遇到的困难，小组讨论，如何运用成长型思维转绊脚石为动力。

师：结合学生反馈进行总结。

六、教学建议

本课讨论与思考较多，活动较少，教师需注重在学生讨论过程中积极引导。

七、教学资源

成长型思维模式是斯坦福大学心理学教授卡罗尔·德韦克博士在她于2006年出版的专著《思维方式：新的成功心理学》中提出的一个信念体系。描述的智力是可以通过坚持努力以及专心致志的学习成长的。具备成长型思维模式的个人认为，有难度的工作可以提升他们的智力和能力。具备成长型思维模式的个人倾向于选择能够帮助他们学习和培养新技能的目标（即便他们最开始可能失败），在面对具有挑战性的任务时能够坚持更久并秉持乐观的态度。培养成长型思维模式是自我实现的一个重要元素。这种成长型思维模式与良好的心理特质相关。

"星球遨游"
初二年级其他主题课程

一、学情分析

重要他人和社会支持是维持一个人心理健康的重要因素，初二年级学生刚步入青春期，对于集体既依赖又抗拒，人际交往困惑较多。本节课从学生社会支持角度进行年度总结，帮助学生梳理自己与重要他人的关系，通过积极赋能和良性沟通，去体验爱和被爱的感受，获得力量感和幸福感，提升心理健康品质。

二、教学目标

①情感目标：体验良好互动带来的幸福感、力量感和被支持感。

②认知目标：认识到重要他人对自我的意义和重要性，增加对社会支持的了解。

③行为目标：发掘社会支持系统资源，掌握系统维护技巧。

三、教学思路

星球漫游 ▶ 星球居民面面观 ▶ 沟通加油站 ▶ 星球未来建设集团

四、教学准备

每人一张 A4 纸，让学生自行绘制星球。

五、教学过程

（一）星球漫游

师：引导学生进行折纸（教程参考七、教学资源），内页每两面中间画一个星球，分别为好朋友、家庭、学校星球，并写上对应居民、这一年花在哪个星球上的时间比较多……引导分享时可以询问学生最喜欢哪个星球以及原因，以此了解学生情况，注意发掘积极资源并赋能。

生：完成任务并分享。

（二）星球居民面面观

师：邀请学生对星球居民做简要文字介绍（ta 是谁、喜欢 ta 什么、不喜欢 ta 什么、为自己做过什么事情），并进行分享。针对学生分享进行适当引导与讨论，引发学生辩证思考。

生：参与课堂讨论、思考、分享。

（三）沟通加油站

师：询问学生最喜欢哪个星球以及原因，根据学生分享原因引导到该星球居民具有什么特质，让人愿意留下。如果提到沟通方面的原因，就可以引到本环节——沟通技巧。让学生先观察、总结相处愉快的星球居民会有哪些沟通技巧，并将其转化为自己的沟通秘籍。

生：参与讨论、思考、分享。

（四）星球未来建设集团

师：假设学生受到建设集团委托，要对三个星球进行维护升级、完善建设，学生会如何去建设这三个星球（是否增减人员、增加哪些活动……）

生：思考、回应（理想的人际关系）。

师：总结。

六、教学建议

对于折纸教程感觉比较困难的教师可以直接让学生在 A4 纸上画三颗星球。

七、教学资源

如何用 A4 纸折小册子（如下图）。

将 A4 纸分成八个相等的部分

在中间剪出两个切口

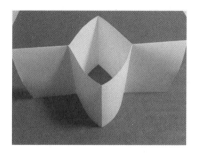

水平折叠并重新折叠，打开切割部分

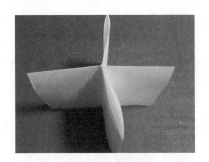

水平放置效果

制作完成

"快乐银行"
初二年级情绪调适主题课程

一、学情分析

快乐是一种积极情绪，积极情绪不仅会使人感觉良好，还能带来许多好处，如使个体更加健康；开拓视野与思维，提高记忆力；使躯体平静下来，促进个体主动探索思考与行动等等。《中小学心理健康教育指导纲要（2012年修订）》也指出，心理健康教育的总目标是：提高全体学生的心理素质，培养他们积极乐观、健康向上的心理品质。因此，有必要设计一节引导学生了解一些排解烦恼的方法，去寻找生活中的快乐的情绪指导课。

二、教学目标

①情感目标：通过学习和活动体验，明白有烦恼很正常，快乐其实也很简单。

②认知目标：体验到快乐的情绪和帮助他人的乐趣。

③行为目标：学会快乐分享，学会利用"快乐银行存折"给自己存取能量。

三、教学思路

情绪故事小剧场 ▶ 笑一笑小游戏 ▶ 快乐银行 ▶ 快乐增值服务

四、教学准备

心理剧剧本、快乐银行作业单。

五、教学过程

（一）学生表演心理情绪故事小剧场：《快乐是最好的良药》

剧情要点：有一个官吏的妻子，患了一种"怒病"，她每天不吃不喝，只是呼喊怒骂，而且愤怒得想要杀人。许多医生都治不好她的病，后来请张子和诊治。他仔细检查后，便决定用"笑"来治疗。于是，他叫来两位老妇人，在病人面前涂脂抹粉，故意做出演戏的样子，这个病人看了大笑起来。第二天，又让两个老妇人做化妆摔跤表演，病人看了又大笑起来。几天以后，病人的怒气平息了，病完全好了。

教师提问：看完心理小剧场，同学们有什么收获吗？

学生分享。

教师小结：所谓"笑一笑，十年少"，其实，快乐是最好的良药。那么这节课就让我们一起走进"快乐银行"，去寻找快乐、存取快乐吧！

（二）"笑一笑"游戏活动

活动要求：大家围成一圈，做击鼓传花游戏。鼓停花落到谁人处，则请他出来站在中央，讲一件自己最近所遇到的不愉快的事。然后，其他同学都尽量逗他笑起来。依次进行，使每位同学都能感受一下"笑一笑"对自己心情的积极作用。

学生：按照规则认真参与活动并分享。

教师：根据活动效果及学生分享做小结。

（三）快乐银行：回忆一下让你感到快乐的事情

快乐可以作为一种记忆，印刻在我们的大脑里，当我们回忆起我们的快乐事件，就能再一次体验快乐。所以请同学们在快乐银行存折上用户名位置写上你的名字，写出让你觉得快乐的事，或者近期你认为快乐的事，把它们记录下来。只要你觉得快乐的事都可以，事无大小之分，可以根据让你感受到的快乐程度来储存快乐值（最高为100），这就是属于你的快乐银行存折，在课后请继续存储你的快乐。当你感觉不快乐的时候，就可以拿出来看看，这可以让你重新体验快乐的情绪，也会使我们坚信快乐无处不在。

存储日期	存储项目（快乐事件）	存储快乐值￥

学生：填写好快乐银行存折并分享。

教师：根据学生分享进行小结。快乐是可以存储与提取的，同时，快乐也是可以传递感染的。当你把你的快乐与别人分享时，你的快乐就传递感染了其他人，所以我们要学会分享快乐。

（四）快乐增值服务

教师提问：大家想一想，有哪些方法可以使大家更快乐呢？

学生：讨论并分享。

教师总结：让自己更快乐，我们可以这样做：①做喜欢的事情，②运动，③完成一个小目标，获得成就感，④倾诉。其实，同学们也可以花点时间，记录下自己的快乐；向周围的人传递喜悦，分享快乐；注意身边的一切，增强体验；沉浸当下，表达感激；专注愉快，表现积极；无需期待，只需拥抱！愿同学们天天都快乐！

六、教学建议

快乐是有益身心健康的情绪体验，而良好的情绪特质的形成，又是塑造完美人格的核心机制。本节课选用"快乐银行"活动的存取形式，让学生从中体验、感悟、收获，给学生创造一个宽松的课堂教学空间。但是内容上有些粗浅，教师可以适当再延伸。

参考资料：

①曹梅静，王玲. 中小学心理健康教育课程设计［M］. 广州：广东高等教育出版社，2004.

②公众号：海獭獭 海獭星的电波：心理课｜情绪研究所② // 好心情银行。

"青春期 VS 更年期"
初二年级人际交往主题课程

一、学情分析

亲子冲突主要指在亲子基础上，父母和子女由于沟通不当而产生的冲突。初二学生存在独立与依赖相互矛盾的心理，独立意识的增强使得学生开始反抗家长，渴望自己做主，但是他们的世界观和认知能力还不够成熟，导致父母对他们并不放心，他们的情感既丰富又脆弱，容易冲动且逆反心理强烈，这个时期的他们和父母沟通容易出现冲突，但是又不知道如何与父母轻松地沟通，因此倍感苦恼。

二、教学目标

①情感目标：意识到自己更有能力去改变自身的不良沟通模式，愿意主动调整自己的沟通方式。

②认知目标：了解自己与父母属于哪种沟通模式。

③行为目标：掌握有效沟通的技巧。

三、教学思路

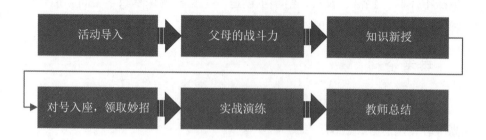

四、教学准备

PPT、带有"情绪的字条"、视频《小欢喜》片段、2分钟的音乐。

五、教学过程

（一）活动导入：驿站传情

规则：每组第一排同学抽取同样带有"情绪（愤怒、悲伤、无助、恐惧、怨恨、快乐）"的字条，同学们只能通过肢体传达字条的内容（不能用笔直接写在纸上，不能通过其他方式将字条的内容直接写或者画出来）除了每排第一位同学，其他同学向后转，游戏限时2分钟。音乐开始的时候比赛正式开始，音乐结束即游戏结束。

师：根据学生反馈，随机抽取结果差异大的同学起来还原传递过程。

师："在刚才的游戏中，为什么有些小组最终传递的内容和信的内容不一致呢？"

生：讨论与分享。

小结："因为我们每个人都有自己独特的表达方式，这就使后表达的内容有所差别。那么要想更好地让对方明白我们要表达的重点，学会沟通至关重要。"

（二）父母的战斗力

播放影视剧《小欢喜》片段。

简介：董文洁因成绩问题骂方一凡。

师：大家看完这段视频，你们觉得视频里面的父母战斗指数高不高？相比之下，你们觉得你们父母的战斗指数比他们高还是低，打个分数，从1~10分。（低到高）

师：播放PPT有关不同亲子沟通模式的图并提问：

问题一：你们和父母属于哪种沟通模式？

问题二：为什么有时候和父母沟通困难？（和前后桌讨论，观察有没

有共同点）、觉得和父母沟通很轻松的同学分享一下你们和父母沟通的小妙招。（任选一个回答）

生：讨论与分享。

（三）知识新授

萨提亚沟通模型

1.介绍五种沟通模式

自我：指的是我是否接触到自己的感受与需求，并愿意为自己表达与行动。

他人：指的是我是否关心与接纳对方的感受与需求，并愿意积极倾听与探询。

情境：指的是我是否注意到双方所处的环境与客观条件，并愿意以对等协商的态度处理彼此的问题。

五种沟通模式的类别和特点：

讨好型：忽略自己，内在价值感比较低。

指责型：常忽略他人，习惯于攻击和批判，将责任推给别人。

超理智型：极端客观，只关心事情合不合规定、是否正确，总是逃避与个人或情绪相关的话题。

打岔型：永远不抓重点，习惯于插嘴和干扰，不直接回答问题或根本牛头不对马嘴。

表里一致型：言语表现出一种内在的觉察，表情流露和言语一致，内心和谐平衡，自我价值感比较高。

2. 情境假设

①假设明天考试，Ta 下班后看到你在玩手机，Ta 会怎么说你？

②如果 Ta 说"明天你就要考试了，你怎么还在玩手机？"你会怎么回应？

就情境②给出 5 个选项：

①对不起，这都是我的错，下次我不会这么做了。

②我玩什么，要你管。

③根据研究表明，适当的娱乐可以缓解压力，提高效率。

④今天天气不错，我想我可以去打球了。

⑤谢谢妈妈提醒，只是明天要考试了，我有点紧张，想玩一下手机放松一下，我放松一下就去学习。

生：学生选择。

师：具体展开介绍 5 种沟通模式。

①讨好型（只关注到情境他人）：如"对不起，这都是我的错，下次我不会这么做了。"

②指责型（只关注到情境、自己）：如"我玩什么，要你管。"

③超理智型（只关注到情境，喜欢讲道理，极端客观）：如"根据研究表明，适当的娱乐可以缓解压力，提高效率。"

④打岔型（都没关注到）：如"今天天气不错，我想我可以去打球了。"

⑤一致型沟通（关注到自己、他人、情境）：如"谢谢妈妈提醒，只是明天要考试了，我有点紧张，想玩一下手机放松一下，我放松一下就去学习。"

师：同学们，你们觉得这五种沟通模式，哪种最好？

生：学生思考，分享。

小结：前面的四种沟通模式，无论表现形式如何，内在的自我价值都是偏低的。只有一致型的沟通模式，才体现了真正高自我价值，是欣赏他人，悦纳自己的表现。根据前面的分析，我们都知道一致型沟通是最完美的沟通方式，恰恰是因为它的完美，绝大多数人很难达到这个水平，那我们能怎么做呢？明确自己使用何种沟通模式，找到适合自己的沟通妙招。

（四）对号入座，领取妙招

师：结合学生的沟通模式，一一介绍不同沟通模式的适用场景与人群。

讨好型：不要急着取悦他人，而是首先关注自己，关注自己的感受，倾听自己内在的声音，鼓起勇气说出自己的真实想法。

指责型：停止只关注自己，学着抱着好奇和关心的态度了解父母的感受和期望。然后用一致的方式反馈给别人。

超理智型：先后练习关注自己、关注别人，注意的是不要一直用脑，要多多用心，多用其他感官，去听、去看、去感受。

打岔型：活在当下，首先从关注情境开始。

（五）实战演练

情景一：小林一回家，把书包一丢就往沙发上一躺，拿出手机打游戏，这时候，爸爸下班回来了，看到小林"葛优瘫"着打游戏的样子，就开始"……"，小林："……"

假设情景一的父亲沟通模式是指责型，小林要怎么和父母沟通？请补充此处省略内容，一组选择两人进行角色表演。

情景二：早上10点半，小何妈妈买完菜回来，发现小何还在睡觉，就叫小何起床："小何，起来吃饭了。"过了10分钟，小何还没起床，妈妈开始"……"，小何："……"

假设情景二的妈妈沟通模式是超理智型，小何要怎么和父母沟通？

师：同桌或者前后桌角色扮演，在每组中分别选两名同学，在两个情景中二选一，分别扮演孩子和父母，根据前面提到的每种沟通模式对应的技巧进行表演。

（六）教师总结

在我们这个年龄阶段，由于观点不同等原因使得我们和父母难以沟通，所以我们在生活中更要学习沟通的小妙招，学会一致型沟通并在实际生活中运用，减少家庭矛盾。避免"虚心接受，屡教不改"的情况出现（父母养育我们不容易，我们要尊重他们，在做事和说话等方面多关心他们的感受，同时，我们也要尊重自己，勇于表达自己内心的想法，当然，前提是使用正确、不伤父母心的沟通方法。）

六、教学建议

同一节课，同样的活动，在不同的班反响都不同，高二年级分班之后，每班的男女比例不一致，同样的情景演练，在不同班，学生的积极性也有很大差异。对不同班上的同一节课的评价，如果局限在学生的课堂表现方面，容易引起老师的职业倦怠，还要结合班级的特点。课程设计的提问环节很重要，举的例子最好接近学生生活，才比较容易引起共鸣。

"失败指南针"
初二年级学失败观课程

一、学情分析

初中阶段的学生正处于发展自我的关键期，对成败的认知二元性是该阶段的重要特征。如何面对失败，是一个人成长历程中必不可少的学习部分，而青少年常由于心智未完全成熟，无法很好面对失败，从而容易出现消极、自卑的情绪。初中生活和学习总会经历各种各样的失败，让学生认识到失败的价值，学习面对失败、学会积极地应对失败对他们的成长来说是非常重要的。

二、教学目标

①情感目标：体验失败对于人生的积极意义。
②认知目标：认识到失败具有普遍性，失败是有价值的。
③行为目标：掌握积极面对失败的方法。

三、教学思路

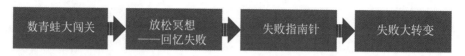

数青蛙大闯关 ➡ 放松冥想——回忆失败 ➡ 失败指南针 ➡ 失败大转变

四、教学准备

冥想音乐、纸、笔。

五、教学过程

（一）"数青蛙"大闯关

①数青蛙："一只青蛙一张嘴，两只眼睛四条腿。两只青蛙两张嘴，四只眼睛八条腿……"以此类推，每人轮流说一句，说错的同学淘汰坐下；

②下一位同学重新从"一只青蛙"开始说起。

师：失败是人人都要面对的事情，名人也好，天才也罢，都要面对失败。

（二）放松冥想——回忆失败

回忆一次你失败的经历（播放音乐），回答下面几个问题，并写出答案。

①当时你的内心有怎样的感受，情绪是怎么样的？

②当时你对你的失败有什么看法？

③是什么原因导致失败产生的？

④你是否采取了一些办法来应对失败？如果是，是哪些办法？

在音乐的伴随下，学生完成以上问题的答案，并请学生进行分享和讨论。

师：总结同学们对失败的看法：

①绝对化要求：是指人们常常以自己的意愿为出发点，认为某事物必定发生或不发生的想法。"我不能接受我放的风筝挂在树上，必须得是飞得最高的。"

②过分概括化：以某一件或某几件事来评价自身或他人的整体价值。"连学校的主持人选拔赛都通过不了，我觉得自己没什么用。"

③糟糕至极：认为如果一件不好的事情发生，那将是非常可怕和糟糕的。"完了，这次的语文考试竟然没写完作文，我真的没救了。"

师：自我态度，即认知定势，是决定是否有无助无能体验的关键。失败具有普遍性，在我们的生活中随处可见。每次失败的经历，或大或小，都会在我们的心里留下深深浅浅的痕迹。它会带给我们失望、沮丧、痛苦，那么失败真的一无是处吗？它有好处吗？

（三）失败指南针

1. 指南针 1——探索失败的价值

①回顾课前游戏，小组讨论思考：如果再有一次机会挑战，自己会怎么做？

②再次尝试挑战。

师：在这次挑战中，你对失败有了哪些新的看法？

生：分享。

师：我们从失败中获得了经验教训，这是失败的价值。正如爱迪生所言，"失败也是我所需要的，它和成功对我一样有价值。只有在我知道一切做不好的方法以后，我才知道做好一件工作的方法是什么"。因此，想要成功就要接受失败。失败只是前一次的努力没有达到成效，但它却蕴藏着成功的希望。

2. 指南针 2——辩驳对失败的消极认知

"我不能接受我放的风筝挂在树上，必须得是飞得最高的。"

辩驳：挂在树上了又怎样？能带来多坏的结果？

"连学校的主持人选拔赛都通过不了，我觉得自己没什么用。"

辩驳：我还有其他的优点，比如我很会做菜，我在同学中很受欢迎。

"完了，这次的语文考试竟然没写完作文，我真的没救了。"

辩驳：这次只是试题太难了

师：通过自我辩驳，打破失败背后的消极认知，建立积极的认知，达到成效。

（四）失败大转变

请同学们辩驳环节二——回忆失败中你所写的你对失败的消极看法。

生：练习并分享。

师：当改变了对失败的看法后，那我们围绕失败所产生的情绪和体验都会有所变化。

六、教学建议

本节课无论是课堂游戏、放松冥想还是辩驳技术，都需要非常注重学生的参与性和体验性。

"我的心理魔法壶——应对压力" 初二年级认识自我主题课程

一、学情分析

绘画疗法作为专门探索人们如何应对困境的绘画心理技术，《心理魔法壶》有利于帮助学生在绘画的过程中探索自我。初二的学生处于自我探索的过程，面对压力时容易不知所措，自信心也会在一次次的压力打击下受挫。同时绘画的形式便于让学生敞开心扉。因此，对初二学生开展以绘画为主的探索自我的心理健康课，使学生在安全的心理氛围下表达自我，思考自身在困境中的应对模式，是非常有意义的。

二、教学目标

①情感目标：思考自己在困境中的应对模式，更好地应对当下。
②认知目标：认识心理魔法壶的由来。
③行为目标：通过绘画形式，掌握自己应对问题时的情绪状态和方法，调整自己的状态。

三、教学思路

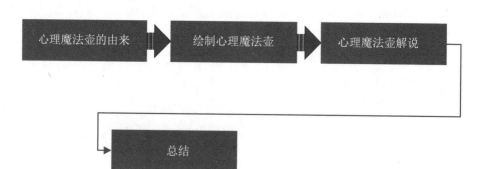

四、教学准备

PPT、A4 白纸、铅笔、橡皮；彩铅、水彩笔等有一种即可；轻音乐。

五、教学过程

（一）心理魔法壶的由来

师："魔法壶从何而来呢？"

生：自由分享。

老师介绍魔法壶的由来：《渔夫和魔鬼》、东汉《后汉书》中费长房"壶中天地"。

日本梅花女子大学现代人间学研究科的杉冈津岐子，根据以上两个故事原型，再结合日本的壶像疗法，创造了心理魔法壶技术。

（二）绘制心理魔法壶

绘画准备：

A4 白纸一张。铅笔、橡皮；彩铅、水彩笔等有一种即可。

对折白纸。

引导语：准备好画材之后，拿出纸，在纸的四周画一个边框，边框距离纸边缘大约 1 厘米。然后再用一条竖线和横线将画框分为 4 个区域，然后根据指导语分别在四个框内作画。

放松身心。

绘制魔法壶（播放轻音乐），如下图。

第一幅画： 想象：你走在路上，突然，出现了一个魔法师，把你抓住并放进了一个充满魔法的壶里。请根据这个场景在左上的格子里画第一幅画。	第二幅画： 现在，你已经待在这个壶里一天一夜，但是你不觉得渴也不觉得饿，你有怎样的感受？你在做什么？请根据这个场景在右上格子里画第二幅画。
第三幅画： 不知过了多久，阳光照进来，这时，你有怎样的感受？你在做什么？请画出整个场景。	第四幅画： 继续想象一年过去了，这时，你有怎样的感受？你在做什么？请根据这个场景在右下格子里画第四幅画。

引导语：

第一幅画：

想象：你走在路上，突然，出现了一个魔法师，把你抓住并放进了一个充满魔法的壶里。请根据这个场景在左上方的格子里画第一幅画。

第二幅画：

现在，你已经待在这个壶里一天一夜，但是你不觉得渴也不觉得饿，你有怎样的感受？你在做什么？请根据这个场景在右上方的格子里画第二幅画。

第三幅画：

不知过了多久，阳光照进来，这时，你有怎样的感受？你在做什么？请根据这个场景在左下方的格子里画出整个场景。

第四幅画：

继续想象一年过去了，这时，你有怎样的感受？你在做什么？请根据这个场景在右下方的格子里画第四幅画。

师：请根据你刚刚绘画的内容，编一个故事进行分享。在分享中，请同学们做故事的倾听者，而不是批判者。任选以下的问题回答：

①最后，你在壶内，还是壶外？你满意自己的作品吗？

②你对哪幅画印象最深刻？

③从第一幅画到最后一幅，你的情绪变化是怎样的？

生：学生分享。

小结：结局无好坏之分，无论是接受自己出不来的现状并且能够愉快地在壶内生活，还是打破困境，逃出魔法壶，都是积极应对困境的模式。

（三）心理魔法壶解说

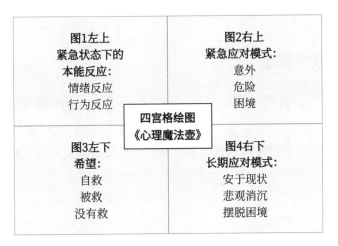

师：①自己在应对突然被抓进魔法壶时有什么样的行为方式，与现实是否相似？

②他人的应对方式和你有什么不同？

③你在大家分享的过程中有什么感悟和收获？

④这次经历对你未来的生活有什么样的启示？

生：学生分享。

（四）总结

绘画结果无好坏之分，仅仅是帮助我们更好地了解自己，探索自己在困境中的应对模式。愿我们在这次心理魔法壶的绘画历程中，更深入地进行自我觉察和探索，发掘自己的资源和优势，更好地应对当下。

六、教学建议

　　本次课程以学生的体验为主，重视学生的绘画和分享环节，在正式开始绘画前，老师要让学生以轻松的姿态进入绘画活动，可以适当借助轻音乐和引导语。在分享的环节，有条件的话可以利用投屏，学生自愿分享。在分享前老师要强调学生不做评判，用心倾听。在教学过程中，发现大多数同学都喜欢看别人的作品并且乐于分享。因此老师在分享环节中要掌控好时间。

七、教学资源

　　①公众号：青语心理工作室：心理魔法壶"——探索人生困境的 12 种应对模式。

　　②公众号：心理老师成长联盟：我的心灵魔法壶：积极应对压力。

"黑色气球"
初二年级情绪调适主题课程

一、学情分析

《中小学心理健康教育指导纲要（2012年修订）》中指出，初中阶段心理健康教育的主要内容有：鼓励学生进行积极的情绪体验与表达，并对自己的情绪进行有效管理。本节课拟通过一系列的活动，帮助学生了解负面情绪的来源，并尝试对情绪进行积极的调整与改善。

二、教学目标

①情感目标：通过活动探索，区分当下困扰自己的事件中哪些是自己能控制的，哪些是自己控制不了的。

②认知目标：明确当下个人被困扰的情绪或被困扰的事件。

③行为目标：能够了解自己的情绪，并试图进行积极的调整和改善。

三、教学思路

静心冥想：困扰浮现　　➡　　主题活动"黑色气球"　　➡　　课堂总结

四、教学准备

每个学生发一个黑色气球；彩纸、大白纸；彩笔；别针、温暖治愈系动画《再见雨天》视频。

五、教学过程

（一）静心冥想：困扰浮现

教师引导学生进行静心冥想，让学生想一想生活中让自己烦恼的问题。可以是生活中、学习上、家庭里的任何问题；这些让自己烦恼的问题也许和自己相关，也许和自己没有直接关联；可以是很久远的事情，也可以是近期发生的事情……

学生：在小组中分享自己感到烦恼的问题，将问题汇集起来，分类写在大白纸上（分发气球和别针），并进行交流分享。

教师：结合学生的分享进行小结。

（二）主题活动：黑色气球

①每个人拿着一个气球，请把自己的气球吹胀，用一口气代表自己想到的一个问题，一口气一口气地把气球吹起来，最终每个人都用绳子把气球系起来，每个人都有一个属于自己的"黑色气球"。

教师提问：看着自己的黑色气球，它让你有什么感觉？联想到什么？看着别人的黑色气球，又让你有何感觉？联想到什么？有什么启发？

学生：按照规则认真参与活动并分享游戏过程中的感受与体验（分享角度可以是扔掉物品的顺序，为什么要扔，为什么要留等）

②取名字：想象一下，困扰你的问题就像手里的气球，总跟在你的身后，时不时出来捣捣乱，它通常会在什么情况下出来？怎样扰乱你的生活？如果它能出声，它会说些什么？你会给它起一个什么样的名字？（比如起名叫"小黑"）

③给"小黑"写信：你的生活可能因为"小黑"而变得一团糟。但其实它也不是每时每刻都出来捣乱。因此你要学习如何调教它，和它和睦相处，而不是一味地咒骂和躲避它。在彩色纸张上，给"小黑"写一封信。你可以这样开头：亲爱的小黑，我想对你说……

④讨论和分享：在组内分享自己写的信。当你听完后，用你的方式支

持和鼓励他／她。

⑤我的选择：可以考虑继续背负和陪伴黑色的问题气球，或者决定采取行动处理问题。如果是继续保留和陪伴问题，就可以保留气球；如果想好要承担问题带来的责任或者放过那些自己不能控制的问题，就可以拿出别针，刺破气球，砰！

⑥小组讨论：在你所想的困扰问题中，哪些是自己可以采取行动应对的？哪些是自己没有力量控制的？同学的分享中哪些是与你情况相同或相似或引起你共鸣的？你有什么感受？你想对他／她说些什么？

（三）课堂总结

播放温暖治愈系动画《再见雨天》。

教师总结：每个人都有困扰自己的问题，在这一点上，每个人都一样；我们能听到不同的"我与小黑"的故事，有的愤怒，有的悲伤，有的苦中作乐……我们不必回应这些对情绪的发泄，同时可以考虑如何带着情绪有效地生活和学习。

六、教学资源

温暖治愈系动画《再见雨天》视频网址：https：//www.bilibili.com/video/BV1nW411D7DA/？ spm_id_from=333.337.search-card.all.click。

七、教学建议

活动在确认问题的同时可以澄清、梳理和宣泄消极情绪。可以针对不同学生的需求，将活动时间重点放在某个环节，以达到不同的目的。但不论这个活动后面接着什么活动，黑色气球作为一个尤其有用的工具起到了非常明显的效果，教师所要做的就是提醒学生注意这个"黑色气球"，因为它是问题的实质。

参考资料：

公众号：河南省中小学心理网；中小学心理健康教育课堂活动：黑色气球。

"考试焦虑我不怕"
初二年级情绪调适主题课程

一、学情分析

《中小学心理健康教育指导纲要（2012年修订）》中指出：要帮助中学生适应中学阶段的学习环境和学习要求，鼓励学生进行积极的情绪体验与表达。当学生出现因为考试压力而产生焦虑的现象时，需要帮助学生克服考试焦虑，从而更好地投入学习生活中。本节课旨在降低学生考试的焦虑水平，增强对考试的信心，提高对考试压力的承受力，从而在考试中正常发挥自己的水平。

二、教学目标

①情感目标：了解考试焦虑的具体表现，对自己的焦虑情绪有效觉察。

②认知目标：了解焦虑程度与表现水平的关系，明白调节焦虑情绪的必要性。

③行为目标：通过一定的训练，掌握有效的应对焦虑的方法。

三、教学思路

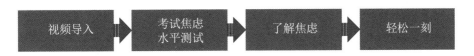

视频导入 ➡ 考试焦虑水平测试 ➡ 了解焦虑 ➡ 轻松一刻

四、教学准备

《我的考试焦虑症》视频、考试焦虑水平测试作业单、视频《期末励志之学霸去哪儿？》。

五、教学过程

（一）视频导入：播放《我的考试焦虑症》

思考：你有类似于视频中主人公的感受吗？你又是怎么看待考试与考试焦虑的呢？

学生：分享看法。

教师：结合学生分享适当总结。

（二）考试焦虑水平测试：测测你的焦虑程度

导语：该测验共有33道题，请根据自己的实际情况，在相应题目后做好标记。

A. 很符合自己的情况

B. 比较符合自己的情况

C. 较不符合自己的情况

D. 很不符合自己的情况

1. 在重要考试的前几天，我就坐立不安了。

2. 临近考试时，我就拉肚子了。

3. 一想到考试即将来临，身体就会发僵。

4. 在考试前，我总感到苦恼。

5. 在考试前，我感到烦躁，脾气变差。

6. 在紧张的复习期间，常会想到："这次考试，要是得到个坏分数怎么办？"

7. 越临近考试，我的注意力越难集中。

8. 一想到马上就要考试了，参加任何文娱活动都感到没劲。

9. 在考试前，我总预感到这次考试将要考坏。

10. 在考试前，我常做关于考试的梦。

11. 到了考试那天，我就不安起来。

12. 当听到开始考试的铃声响了，我的心马上紧张地急跳起来。

13. 遇到重要的考试，我的脑子就变得比平时迟钝。

14. 看到考试题目越多、越难，我越感到不安。

15. 在考试中，我的手会变得冰凉。

16. 在考试时，我感到十分紧张。

17. 一遇到很难的考试，我就担心自己会不及格。

18. 在紧张的考试中，我却会想些与考试无关的事情，注意力集中不起来。

19. 在考试时，我会紧张得连平时记得滚瓜烂熟的知识也回忆不起来。

20. 在考试中，我会沉浸在空想之中，一时忘了自己是在考试。

21. 考试中，我想上厕所的次数比平时多些。

22. 考试时，即使不热，我也会浑身出汗。

23. 在考试时，我紧张得手发僵，写字不流畅。

24. 考试时，我经常会看错题目。

25. 在进行重要的考试时，我的头就会痛起来。

26. 发现剩下的时间来不及做完全部考题，我就急得手足无措、浑身大汗。

27. 如果我考了个坏分数，家长或教师会严厉指责我。

28. 在考试后，发现自己懂得的题没有答对时，就十分生自己的气。

29. 有几次在重要的考试之后，我腹泻了。

30. 我对考试十分厌烦。

31. 只要考试不记成绩，我就会喜欢考试。

32. 考试不应当像现在这样在紧张的状态下进行。

33. 不进行考试，我能学到更多的知识。

计分与评价：

统计你所标记的字母的分数，每个 A 得 3 分、B 得 2 分、C 得 1 分、D 得 0 分。相加之后算出你的总得分：

根据你的总得分对应下面的评价表，就可以知道你的考试焦虑水平。

评价表：总分焦虑水平。

0—24 为几乎不焦虑；

25—49 为轻度焦虑；

50—74 为中度焦虑；

75—99 为焦虑水平较高。

学生：认真做测试并分享结果。

教师：结合分享结果适当总结。

（三）了解焦虑

1. 耶克斯 – 多德森定律

师：我们来看下图，它是耶克斯 – 多德森曲线，主要讲的是学习效率与焦虑水平之间的关系，从图中可以看出，焦虑适度时学习效率最高。

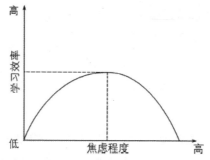

2. 理论讲解：我们为什么焦虑？

师：焦虑是我们在面对潜在威胁时产生的一种不确定感和无助感。进化心理学理论认为，人类所有的情绪都是进化的结果，能帮助人类生存下来，焦虑也不例外。人类有建立安全感的需要，方法便是确定自己能掌控局势。当我们不确定自己是否能掌控局势时，便会产生焦虑情绪，因此，现代人的焦虑可以被视为解决问题的内在渴求，可以说，焦虑是现代人的基本处境。

师提问：知道了"耶克斯 – 多德森定律"和焦虑产生的原因，大家有什么感受或者体会？

学生回答。

师：大家总结得特别好，焦虑是正常的，适度焦虑能帮助我们表现得更好。

（四）轻松一刻

①呼吸放松训练法：

注意：一是，抿着嘴吸气，吸饱气肚子鼓起来，憋3秒钟，嘴巴微张，慢慢吐气5秒；二是，吸气吐气动作要慢，且均要达到极限；三是持之以恒地练习。

教师：引导学生通过呼吸放松练习体验紧张与放松。

学生：练习呼吸放松。

②加油站：播放视频《期末励志之学霸去哪儿？》

六、教学资源

①《我的考试焦虑症》视频网址：https：//www.bilibili.com/video/BV15o4y117m3/。

②《期末励志之学霸去哪儿？》视频网址：https：//www.bilibili.com/video/BV12s411o71w/。

七、教学建议

在做深呼吸放松环节之前注意以下两点：①一定要强调深呼吸放松法的重要性，否则很多学生会不认真，影响训练的效果。我们要告诉学生，一直以来大家进行的都是头脑的理性训练，身体情绪的训练基本没有，但是焦虑是一种情绪，光靠头脑是无法控制的。②正确传达深呼吸放松法的技巧和要领，很多人是要领没掌握反而认为这个方法没用。

参考资料：

①公众号：心程云测评：中学生考试焦虑自测问卷。

②公众号：夏有柚子柚言心语：心理课丨《轻松考试》。

"学习有方法"
初三年级学习适应课程

一、学情分析

学习策略是学习者为了提高学习的效果和效率、有目的、有意识地制订的有关学习过程的复杂的方案。科学测试证明：95%的人智商介乎70至130之标准范围，只有2.5%的人智商低于70。因此，智力绝不是影响成绩高低的决定性因素，关键还在于学习方法。初三学生的核心任务就是升学考试，不同的学习阶段、学习环节需要不同的学习方法，提高学习效率是学生最关心也是最在乎的。本节课就是让学生掌握不同的学习策略，来帮助学生更顺利地适应毕业班的学习节奏。

二、教学目标

①情感目标：调动学习积极性，体验学习带来的愉悦感、成就感，激发学习兴趣和学习潜能。

②认知目标：明白学习方法的重要性，了解一些常用的学习方法。

③行为目标：掌握康奈尔笔记法和费曼学习法的具体操作，能够把学习到的策略运用于自己的学习中，学以致用。

三、教学思路

头脑风暴 ➡ 康奈尔笔记法 ➡ 费曼学习法

四、教学准备

PPT、纸若干。

五、教学过程

（一）头脑风暴

①你平时更多地采用的是哪些学习方法？

②什么样的学习方法会更高效？

教师小结：通过学生的回答，引出本节课的主题。

（二）康奈尔笔记法

呈现一张学生历史笔记图片。

师：图示笔记有什么不足之处？要如何才能做到"记笔记，不是抄笔记"？

生：分小组合作探究，并提交最后的探究成果。

师：在阅读和听讲中，用的比较普遍的学习策略是记笔记。笔记除了具有用以复习的信息的外部存储功能之外，最重要的是能促进新信息的精细加工和整合。在记录笔记的过程中可以梳理知识点间的联系，了解知识框架，便于吸收新知识，增强记忆。这种记与学、思考与运用相结合的有效方法就是康奈尔笔记法。

线索栏 提炼要点、关键词	笔记栏 记录上课、阅读过程中的主要内容
总结栏 听课随感、意见、经验体会	

康奈尔笔记法主要包括以下五个步骤：

①记录。在上课听讲或阅读过程中，在笔记栏内记录听课的主要内容。

②简化。听课或学习后，尽可能尽早将这些论据、概念简明扼要地概括（简化）在线索栏。

③复述。将笔记栏遮住，只看线索栏中的要点提示，尽量完整地叙述课堂上讲过的或学习过的内容。

④反思。将自己的听课随感、意见、经验体会之类的内容写在总结栏。

⑤复习。每周花十分钟左右的时间，快速复习笔记，主要看总结栏，检查自己对知识点是否都已熟练掌握，如果有未能掌握扎实的内容，可以再回去看笔记栏。

师：将历史笔记提炼出要点、关键词并试图做总结。

生：思考并分享。

师：感受康奈尔笔记和传统笔记的不同之处，掌握康奈尔笔记法的具体操作。

（三）费曼学习法

师：分享农民父亲的故事。

师：为什么让孩子把学校老师讲的内容跟父亲讲一遍，对孩子的学习什么有帮助？

生：思考分享。

师：以教为学，用最简单的话把复杂问题解释到让小白都懂的方法就是费曼学习法。总共四个步骤：①确定学习目标。将一个自己不理解的、没见过的概念或难题写在纸上，先自己尝试进行学习并理解。②像老师一样教给别人。找一个小白或孩子，把自己学习的知识解释给对方听。③找到漏洞，重新学习。把第二步中发现的知识漏洞重新梳理，再次解释给对方。④简化语言，学会类比。用最简单的语言解释，类比生活里的例子，让小白也能完全理解。

师：小组成员之间使用费曼学习法进行练习，并选代表进行演示。

练习：

①什么是二次函数？

②新航路开辟的历史意义有什么？

③什么是内能？改变内能有哪些方式？

师：感受费曼学习法对学习的帮助，通过练习熟练费曼学习法。

六、教学建议

在教授两种学习法的环节中，学生先参与探讨体验，后呈现理论，做到理论和实践相结合。

费曼学习法可以通过增加课后实践任务，提醒学生可以以一科为例进行训练，在这一科不断熟练的基础上，然后再应用于其他科目。

七、教学资源

农民父亲的故事：

在一列开往北京方向的火车上，我的邻座是一位两个大学生的父亲，这位父亲骄傲地告诉我，他的女儿三年前考上的清华，儿子今年考上了北大。

我问这位农民父亲，"您把两个孩子都送进了大学，请问有没有什么绝招啊？"农民父亲的回答出人意料，"我这人没什么文化，其实也没啥绝招——我只不过是让孩子教我罢了！"

原来，这位农民父亲小时候家穷没念过书，自然也就没什么文化教孩子了，但他又不能由着孩子瞎混，于是就想出一个办法：每天等孩子放学回家，他就让孩子把老师讲的内容跟自己讲一遍；孩子做作业，他自己也跟着在旁边读读孩子的课本，不懂的地方就问孩子，如果孩子也弄不懂，就让孩子第二天去问老师。这样一来，孩子既当学生又当"先生"，学习的劲头就甭提多大了！哪怕是别人的孩子在外面玩得热火朝天，他家的孩子也不为所动，就这样孩子的学习成绩从小学到高中一路攀升，直到考上重点大学……

"青春安全我保护"
初三年级青春期教育主题课程

一、学情分析

近年来，未成年人受到性骚扰的事件时有发生，给受害者造成难以愈合的心灵创伤。由于初三学生正处于性生理的快速发育时期，但性心理尚未发育成熟，且对社会的复杂性缺少认识，在面对性骚扰事件时，会显得特别无助，不知如何正确应对。因此，对初三学生开展识别和应对性骚扰的青春期安全教育，显得尤为重要。

二、教学目标

①情感目标：树立"生命安全最重要"的观念。

②认知目标：了解什么是性骚扰、性骚扰常见的几种表现形式、性骚扰常见的观念误区。

③行为目标：提高自我保护意识，学会在生活中正确识别和机智应对性骚扰事件，以及形成尊重他人的行动自觉。

三、教学思路

口香糖游戏 ➡ 识别性骚扰 ➡ 应对性骚扰 ➡ 遭遇性骚扰之后 ➡ 总结

四、教学准备

PPT、视频《清华学姐》、头脑风暴学案纸。

五、教学过程

（一）热身活动：口香糖游戏

游戏规则：

①全体起立，相邻学生两两一组（异性、同性都可以）。

②老师喊口令说："口啊口香糖"。

③同学们齐声询问："粘啊粘哪里？"

④老师说出一个条件，比如"粘粘你们的拇指"，组员两人便按照指令，一起完成指令动作。

指令依次为：粘手掌、粘手臂、粘肩膀、粘胸部。

教师提问：刚刚老师说粘手掌、粘手臂、粘肩膀的时候，大多数同学都自然而然、比较快地完成了指令动作，但是说到粘胸部时，大都沉默了。为什么？

学生分享。

教师小结：结合学生的分享，引导学生认识到我们身体的隐私部位是不能随便让别人碰、随便让别人摸的，除此之外，我们对身体的每一个部位都享有身体自主权，只要是别人违背了我们主观意愿，触碰了我们身体的任何一个部位，让我们感觉不舒服了，我们都有权利说"不"，都可以勇敢地拒绝。

（二）识别性骚扰

1. 了解性骚扰

性骚扰的概念：凡是违反他人主观意愿、带有性意识的行为（包括言语、文字、图像、肢体等方式）都属于性骚扰。

2. 考一考

①性骚扰的对象只有女生。（错）

②性骚扰只存在异性之间。（错）

③性骚扰的出现是因为被骚扰对象长得太漂亮、穿着太暴露等。（错）

④性骚扰一般是变态的陌生人。（错）

⑤性骚扰仅仅是指身体上的不当触碰。（错）

教师小结：引导学生认识到无论在任何地方，面对任何人，都应该时刻保持警惕，提高自我保护意识。

3. 性骚扰的表现形式

①身体接触的性骚扰行为。

②非身体接触的性骚扰行为。

③网络性骚扰行为。

（三）应对性骚扰

1. 头脑风暴

规则：全班分成6个小组，展开头脑风暴，限时5分钟，讨论出指定情境下遇到性骚扰时的应对方法（事中和事后），并上台讲解。一共3组情景，其中两个小组抽到的情景是一样的，同一个情景中后上台的小组进行补充。

情景一：乘坐公交车时，一中年男性紧贴在你身后，让你感觉很不舒服……

情景二：你是男生小华，你熟悉的隔壁邻居赵叔叔趁你们独处的时候，抓住你的手不停地抚摸，并想继续抚摸你身体的其他部位……

情景三：网友和你聊天聊得越来越投机，突然TA提出想开视频和你进行裸聊。

小组上台分享。

教师小结：应对性骚扰事件的核心：记住"生命安全最重要"。

公共场所：①准确识别。②态度明确地说"不"。③寻求旁人帮助。（强调在应对前要进行"准确识别"的重要性，播放《清华学姐》视频）

隐蔽场所：①态度明确地说"不"。②尽快逃离。③暂时不能逃就机智应对。

网络空间：①态度明确地说"不"。②拉黑／删除。③保留证据，举报或者报警。

2. 补充案例："露阴癖"

①刺激点：被害人紧张害怕的情绪反应。

②应对方式：保持平静、快速走开。

（四）遭遇性骚扰之后

1. 如果我们被性骚扰了，当场不敢声张，但事后觉得心里很难受，我们可以做些什么来帮助自己呢？

①保留证据，报警处理。

②告知你信任的家人。

③告知你信任的老师或朋友。

④寻求专业的心理援助。

2. 如果身边的同学、朋友遭遇了性骚扰，我们可以做些什么？

教师引导：理解和保护。

（五）总结

请同学们齐读两段话：假如你遭遇了性骚扰，你可能会很痛苦，会无法面对自己，但是请记住：这不是你的错！是侵害者做了错的事情，应该感到羞愧的是侵害者。

被性骚扰，不代表人生毁了，生命是最重要的！生命依旧可以很美好。你仍然是你，你仍然是纯洁的、善良的、美好的、健康的。

六、教学建议

在"应对性骚扰"和"遭遇性骚扰之后……"的活动环节，教师要注意课堂学生生成的一些不太成熟的观点，比如应对性骚扰环节，有的学生会提出用肢体暴力回击、遭遇网络性骚扰时会提出用辱骂的方式回击等，教师要及时引导。

参考资料：

①微信公众号"省初心苑"《当你遇见"大灰狼"》。

②微信公众号"增能赋权的性教育"《〈素媛〉恶魔出狱｜听性教育专家讲："拿什么保护我们的孩子！"》。

"爱的天平"
初三年级人际交往主题课程

一、学情分析

人际交往是学生成长过程中非常重要的一课，也是影响一个人心理健康的重要因素。在初中生社会化的过程中，学会与人相处是一个核心发展任务，只有通过人际交往，才能体验到归属感、自尊感、自我效能感与存在感。而作为中学生人际关系重要部分之一的亲子关系，对中学生构建和谐的人际关系，使其身心能够健康成长有着极大且深远的影响。初三的学生学业繁重，问题情境也纷繁复杂，同时还背负着可能来自父母过高的学业期待。他们与父母的关系也发生了一系列微妙的变化，伴随自主性增强的同时对父母的依赖感逐步降低，同时希望得到父母的理解和尊重，渴望拥有自己的独立空间，对父母的管教开始有抵触情绪等。因此，设计一节亲子关系心理健康课，引导学生全面看待与父母的关系，使其构建和谐的亲子关系，是非常有必要的。

二、教学目标

①情感目标：全面看待与父母的关系，构建和谐的亲子关系。

②认知目标：通过分析对父母的期待，觉察自己的心理状态；引导学生全面看待与父母的关系，学会换位思考，增强理解家人感受的能力。

③行为目标：客观地审视自己的父母，从而更理解父母，改善亲子关系。

三、教学思路

课堂导入 ▶ 心理游戏：再选你的父母 ▶ 写下心语 ▶ 课堂总结

四、教学准备

PPT、冥想导入词与轻音乐（七分钟左右）、公益短片《爸妈，我不想做你们的孩子了》、毛不易歌曲《我会守在这里》。

五、教学过程

（一）课堂导入

阅读诗歌《挑妈妈》：

你问我出生前在做什么

我答 我在天上挑妈妈

看见你了

觉得你特别好

想做你的儿子

又觉得自己可能没那个运气

没想到

第二天一早

我已经在你肚子里

  ——朱尔，8 岁

师：这是一首孩子写给妈妈的诗，爱溢于言表。那请问同学们，你喜欢你现在的家庭吗？如果要你给自己现在所处的家庭打一个幸福感分数，100 分为满分，完全按照你自己的主观体验与所定标准来，你会打几分呢？为什么？（从自己的父母对待自己的角度等去思考）

生：讨论并回答分享。

师小结：我们每一个人的家庭幸福感很大程度上取决于父母与我们之间的关系。而我们与周围人的主要关系，往往能够反映出我们和父母的关系。如果我们不能在内心重新梳理和父母的关系，就无法创造出其他理想的关系。本节课就让我们平衡父母与我们之间的爱，走进"爱的天平"吧。

（二）心理游戏：再选你的父母

播放公益短片：《爸妈，我不想做你们的孩子了》。

思考：你有类似于视频中那些孩子的感受吗？你又是怎么看待你的父母呢？

师：如果给你一次重来的机会，让你能够选择自己的父母，你会选谁来当你的父母呢？我们的父母不是完人，当然也存在这样或那样的缺点。可实际上，有多少人心平气和地与我们的父母沟通过，并收到了良好的回馈，最终取得了让人满意的效果呢？接下来请大家拿出纸和笔，深吸一口气，静坐冥想，平和心境，准备进入游戏状态。游戏和你是否孝顺父母无关，也和你是否尊重父母无关。我相信你做完这个游戏后，对你的父母会有更深入的了解，你会更加接纳他们，更爱他们。请先在白纸写上："再选×××的父母"，×××就是你自己的名字。

冥想引导词：现在我们一起来做一个冥想，在冥想中敞开心扉，通过重新选择，进行一次心灵探索。请选择一个舒服的姿势坐好，闭上眼睛，挺直腰背，将双手放在膝盖上，双脚平放在地面上，如果你有戴眼镜就将眼镜摘下来。调整呼吸，深吸一口气，再缓缓吐出。过程中你可能会有些想笑，但没关系，你定能及时地调整回来，因为你知道你可以进入冥想的状态中。再尝试深呼吸，而后轻轻地闭上双眼。将注意力放在你的呼吸上，感觉身体中的沉闷、疲惫，都随着呼吸呼出体外。清新的空气进入肺部。您可以根据自己的节奏进行呼吸。现在请你展开想象，想象有温暖的光照在你的身上，也照着你身边的环境。这是一个晴朗的好天气，你看到有很多孩子与他们的父母在一起游玩，笑语盈盈，其乐融融。你想象着自己也有一个幸福美满和谐的家庭，想象着眼前的父母是自己心目中最理想的模样。请随心所欲地挑选你的父母，无论是谁，只要你喜欢，都可以自由挑选。挑选两个你认为最符合你期待的父母，在白纸上写上他们的名字。你满意地看着他们，他们身上有一切你觉得优秀父母应有的品质。他们来到了你的面前，你们面对面，保持着你觉得舒服的距离。他们温柔地看着你，安静地、面带微笑地看着你。请和他们相处一会儿，仔细地看看他们的头发、眼睛、鼻子、嘴巴、他们的表情、他们放在身体两侧的双手、他们的衣服和鞋子、他们整体的样子。挺直你的背部，跟随着呼吸去畅想未来，你期待他们做哪些事，你会为此对他们说些什么。在这个过程中，他们一直静静地看着你，听着你所说的话，不会说些什么，你对他们笑了笑，幻想着更多美好幸福的场景……

生：按照引导语进行冥想，并在纸上写出过程中的所感所悟。

师：及时观察学生们的冥想及所写情况，引导学生进行讨论交流与分享。

生：自愿分享。

师小结：这个游戏并不是对你的亲生父母有什么不敬，只是进行一次特殊的心灵探索。你再选的父母是谁，是什么类型这不重要。重要的是你在这个游戏中，弥补缺憾，表达长久以来压抑的情感，重新构筑你的世界。其实，我们对于父母的期待，正如父母对我们的期待一样。我们总想着，或许这样会更好些，或许那样会更让人高兴些，或许别人的父母才是最棒的。有这些想法也没有关系，这正让我们知道我们与父母的关系中有哪些是让我们感到有缺憾的部分。但这也并不是父母的全貌。我们可以从新的角度，去看待我们的父母。父母是不可以再选的，但可以在我们心中重新认识并复活。

（三）写下心语

活动要求：请同学们从刚刚游戏中用的白纸，撕下一部分，在撕下的那部分里写下对自己父母的期待与心愿。以"爸爸/妈妈，我想（希望）你们……"的句式。写完后可以折成一个"心"，有机会可以送到自己父母的手里，愿他们能够倾听到你的心声。

生：依照要求，并与同学交流讨论。

师：观察学生所写情况，并引导学生交流分享。

（四）课堂总结

播放毛不易歌曲《我会守在这里》。

相信大家在刚才的过程中，有很多新的感触，也有了些新的想法。最后，我想送给大家这首歌。不知道大家有没有看过《以家人之名》。也许，我们有一个不够完美的家庭，有一对不够完美的父母。也许，你正和你的父母有些矛盾，有些疏远。但请你相信，父母给你的爱和关怀，会成为你今后成长路上，内心深处最坚定的底气。

六、教学建议

本节课遵循"重活动""重引导""重感受"的原则，按照"参与—感悟—自省—迁移"的模式，注重学生的真实体验，使学生在活动过程中感悟并重新认识自己与父母的关系，促进了学生对亲子关系进行自我探索，这为改善亲子关系奠定了基础。

不足之处：本节课是通过"再选你的父母"使学生能够重新认识自己与父母之间的关系，但是要注意引导学生去觉察与分析了解自己与父母的状态，避免变成学生一味地去指责抱怨父母。

七、教学资源

1.公益短片：《爸妈，我不想做你们的孩子了》。

2.歌曲《我会守在这里》。

参考资料：

毕淑敏. 心灵七游戏［M］. 北京：北京十月文艺出版社，2004.

"我的生涯路"
初三年级认识自我主题课程

一、学情分析

生涯规划是人生发展中的重大课题，它关系着个体人生意义和价值是否能够得到最大化的彰显。美国学者金斯伯格认为，处于11—17岁年龄阶段的青少年，他们有了独立的意识和价值观，知识和能力显著增长和增强，在这个阶段实施生涯规划辅导既是着眼于学生人生价值的实现，也是保障学生身心健康和谐发展的必要路径。

二、教学目标

①情感目标：感受找到人生方向的重要性。
②认知目标：明晰自己的人生方向。
③行为目标：产生为实现自己的人生目标而奋斗的动力。

三、教学思路

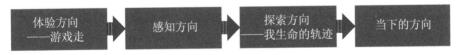

体验方向——游戏走 ➡ 感知方向 ➡ 探索方向——我生命的轨迹 ➡ 当下的方向

四、教学准备

轻音乐、座位签。

五、教学过程

（一）体验"方向"——游戏"走"

游戏规则：

①全程保持安静，不做任何交流。

②离开座位，在教室范围内随意走动。

③走动中，不做其他任何事，只是"走"。

【当观察到大部分同学觉得比较无聊时，老师叫停。学生停在原地。】教师随机采访，问：走的过程中，你有什么感觉？

学生分享。

教师引导：看来大家不太喜欢这样"走"，那我们来换一个"走"法。请听好这一次"走"的规则。

①全程保持安静，不做任何交流。

②请在桌面的标签上找到与你学号对应的座位，并坐下来。

③限时一分钟。

教师引导：一分钟的时间，我们都成功找到了属于自己的位置。把掌声送给自己。问：在这一次"走"的过程中，你体验到了什么样的感觉？

学生分享。

教师小结：结合学生反馈进行小结，引导学生认识到同样是"走"，第一次我们觉得无趣、无聊，第二次却有丰富的感受，秘诀就在于我们为第二次"走"设定了走的方向，人生亦是如此，要想人生过得丰富多彩有价值，需要找到人生方向，引出本堂课主题。

（二）感知"方向"

呈现两个真实故事。

A：她，是一个其貌不扬的小姑娘，长得并不好看，个子也不高。性格开朗，大大咧咧，爱说爱笑，嗓门极大。成绩中等，理科偏弱，文科较好。

B：他，是一个文文静静的男生，很喜欢读书，成绩一直很好。从小学到高中，除了少数几次，一直都是前三名。

教师提问：故事先讲到这里，请大家来预测一下，他们两个人未来的发展可能会是怎样的呢？

学生分享。

教师引导：大家的预测都不太相同。这也很正常，人生本来就有很多可能。但这两个人其实都是真实存在的人物，他们的人生已经由自己谱写。究竟他们的未来是怎样发展的呢？接着往下看。

A：高考时，她以专业课第二名的成绩被中国传媒大学录取，毕业时由于成绩优异，被中央电视台录取。22岁的她，以自己特有的表演特质，成功塑造了"金龟子"这一形象，深受小朋友喜爱。她就是著名的少儿节目主持人刘纯燕。

B：高考时，他考入了浙江大学化学工程学院，四年后，被保送到清华大学攻读化学专业博士研究生。可是，第五年，他申请退学，重新参加高考。第六年，考入清华大学建筑学院，24岁的他，又成了大一新生。这个人，就是曾经轰动一时的清华退学博士刘立早。

教师提问：这就是他们各自不同的真实人生，请大家再猜测一下，为什么他们的发展会如此不同？

学生分享。

教师引导：确实，如同学们所说，一个人的发展会受到很多因素的影响，但这当中，却有一个关键性的因素，是什么呢？让我们从下面这段材料来找找答案。

A：刘纯燕这样评价自己：我知道我不高，也不漂亮，我的优势就是声音好听而且能吃苦。我高中给自己设定的人生方向就是播音员职业。

B：刘立早在退学之后的一次采访中提到：很多人不理解我的选择，觉得我浪费了五年的时间。但我却很清醒地知道这是我人生中最正确的选择。我在人生的第24年，才终于找到了人生的方向，希望还不算太晚。

教师提问：现在大家发现影响一个人发展最为关键的因素是什么了吗？

学生分享。

教师小结：结合学生的反馈，引导学生认识到人生方向对一个人未来发展的重要性。每个人都有自己的才能，努力的人也不少，但一个人的才能和努力只有在明晰的人生方向上才会显现更大的价值。

（三）探索"方向"——我的生命轨迹

教师引导：我们身边也有不少明晰了自己人生方向的同学，有的想成为律师，有的想要读研究生，有的立志出书。那你的呢？让我们跟随着音乐，在自己的生命轨迹中去寻找吧！

冥想指导语：现在，请你调整一个舒服的坐姿，闭上眼睛，随着音乐，关注自己的呼吸，缓慢、均匀。你的全身也慢慢放松。在你的脑海中，浮现出你的生命轨迹，它，是一条直线？曲线？还是其他怎样的形状。轨迹的一头，标志着0，这是你人生的开始，在轨迹合适的位置上，标志着你现在的年龄。请你站在这里，回望你成长的过程。在你经历的人生中，一定有不少让你觉得骄傲的事。那就让你的思绪回到过去，看一看，在你成长的岁月里，有过哪些让你感到骄傲的事情？是比赛获奖？考级成功？成绩进步？……仔细回想，这样的事，在你的人生中会有很多。这些事，是在你几岁的时候发生的？找出三件，让它们清晰显现在你脑海中吧。

走过过去的人生，你即将走向未来。转过身，看着你未来的方向。这是你即将谱写的人生。静下心来，问问自己，在你未来的人生中，你最希望自己在哪方面取得成就？静静地感受一下你内心传来的声音，你未来的人生都将奔着这个方向而去。为了达到这个目标，你会做些什么事情呢？你将在什么年龄完成这些事情？想一想，找出最重要的三件，让它们也清晰地浮现在你的脑海中吧！

音乐即将停止，请你睁开眼睛，回到班级，让我们带着刚刚的记忆和图像，一起来描绘属于自己的生命轨迹吧。

教师引导：首先，请你在白纸上方写上《××的生命轨迹》。然后画出你的轨迹线，你刚刚看到的样子，是直线、曲线，还是什么？写上你人生的开始以及现在的年龄。在左边写上过去让你感到骄傲的三件事，在右边写上为了抵达你的人生方向最应完成的三件事。五分钟时间。请用你手中的彩笔让自己的生命轨迹更加漂亮与丰富吧。

【学生描绘生命轨迹，播放轻音乐】

教师引导：人生在你们的笔下是如此绚烂和多彩。接下来的五分钟，请你拿着你的生命轨迹图和小组同学进行分享。

小组分享要求：

①每个人依次向成员分享自己的生命轨迹。

②倾听的成员请真诚地表达你的感受，提出建议。

③每个小组选出一幅最有特点的作品全班分享。

【学生代表分享自己的生命轨迹】

教师小结：很高兴我们的同学都能看到未来的自己。只有当你明确了人生的方向，并且脚踏实地地走好每一步，你的人生才会更有意义！

（四）当下的"方向"

呈现：升学路径图。

以中考完的升学路径图为例，让学生观察，并思考：

①了解过"升学路径图"后的感受？

②你觉得自己应该什么时候去就业？

③你面对当前最热门的两个选项——职高与普高，你会选哪个？

④就普高而言，谁可以上普高？上普高意味着什么？

⑤就职高而言，我的人生完蛋了？去了一定被带坏？在职高到底学什么？以后就业真的不行吗？

小结：结合学生的反馈，引导学生认识到，无论是职高还是普高，现阶段自己的理解更多是片面的，更多是来自周围获取到的信息，要想让自己的生涯路更明确，需要自己主动去学习，探索不同人生方向的重要性。

六、教学建议

冥想指导语一定要注意语速，带领学生一步步进入情境，成功的冥想是本课成功的关键。全班分享时注意调动学生的参与性，让学生充分表达对展示学生生命轨迹的建议和看法，教师注意引导其中一些不太成熟的观点。

"压力你好"
初三年级学习压力课程

一、学情分析

心理压力是个体在生活适应过程中的一种身心紧张状态，源于环境要求与自身应对能力不平衡，这种紧张状态倾向于通过非特异的心理和生理反应表现出来。学习压力无疑是初中生心理压力的主要来源。初三年级正是一个重要的学习阶段，学生学习负担加重，升学压力增加，当压力超出学生的承受能力后，就会对他们的学习、生活产生消极影响。本节课让学生澄清压力，学习缓解压力的方法，帮助学生调节压力，从容应对学习和生活。

二、教学目标

①情感目标：放松心情，提高面对学习的信心和勇气。

②认知目标：澄清在学习方面的压力，认识到压力是生活的一部分，适当的压力可以激发潜能和行动力。

③行为目标：掌握缓解压力的方法，并能够运用到实际学习生活中。

三、教学思路

课堂导入　➡　压力清单　➡　轻松清单　➡　课堂总结

四、教学准备

学案、纸笔。

五、教学过程

（一）课堂导入

师：同学们，我转达一个通知：明天英语课进行单元测试。

生：表现出各种反应。

师：当你听到这个消息，你的反应是什么？什么感受？

生：分享感受。

师：同学们刚刚出现的身心紧张状态就是压力，并且是来自于学习上的压力。

师：结合学生回应，引出初中适应主题。

（二）压力清单

按照由大到小的顺序写下你在学习方面的十个压力事件。

①_____

②_____

③_____

④_____

⑤_____

⑥_____

⑦_____

⑧_____

⑨_____

⑩_____

师：思考。

①哪些压力事件是你可以承受或者应对的？请在它后面画圆圈。

②是否压力越小越好，压力会怎样影响我们的学习？有学习压力一定不好吗？

师：完成并思考讨论。

师：总结。

研究发现：学习压力与学习效率之间是倒 U 型曲线（如下图），学习效率随着学习压力的不断增强而提高；但是达到一定程度后，若压力强度再增加，学习效率反而会下降。可见，适当的压力能促进学习。过大的压力不仅会影响学习，还会影响身体健康。

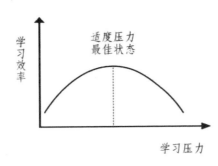

（三）轻松清单

1. 改变认知

小张："这次考试考不好我就完了""如果学习成绩不好，一定会发生可怕的事情"。

师：小张的想法合理吗？为什么？

生：思考分享。

师：当感到学习压力事件将对自己产生威胁时，有的同学会产生灾难化的想法，并把消极情绪泛化到所有的事情上，这会增加他们的压力负担，降低他们的自我评价。

对于这一类不合理信念，可以澄清以下 3 个问题：

①面对学习压力事件时，你的负面思维说了什么？

②事件结束后，你的想法是什么？而客观的结果是什么？

③这个客观的结果真的如你想象中的那么糟糕吗？是否有好的部分呢？

师：请你帮小张澄清这 3 个问题。

生：小组合作探究。

师："伤害你的不是事情的本身，而是看待事情的角度。"因此，在日常生活和学习中，当遭遇压力的时候，看是否存在一些"绝对化要求""过分概括化"和"糟糕至极"等不合理想法，如有，就要澄清不合理信念，有意识地用合理观念取而代之。

2. 积极暗示

"我真笨，这么简单的题都算错了" VS "我可以做到的"。

师：两句不同的话给你带来什么不同的感受？

生：体会分享。

师：通过学生的体验和回答，让学生明白积极的自我暗示能唤起人良好的情绪。

3. 宣泄情绪，释放压力

师：什么时候你有过减压的成功经验，当时你做了什么？

生：分享。

师：通过学生的回答，总结出：转移注意力、保持良好的睡眠、听音乐、运动、唱歌、室外大喊、纸上涂画、音乐舞动或向自己信任的人进行倾诉等都是减压的好方法。

（四）课堂总结

生活中，压力无所不在，压力是在所难免的，但我们可以选择正确的方法来调节自己，达到心理协调、平衡。学会调节压力，利用压力提升自己也是一种智慧的体现，让我们一起克服压力，让自己发生蜕变，拥抱更美好的明天！

六、教学建议

①课堂导入部分的转达通知，可以按实际情况操作，如果是虚拟的通知，那么该及时澄清，避免给学生增加压力，也会影响课堂效果。

②在实际操作中，建议根据不同班级的实际情况，设计的重点应该有所不同。

"吐槽大会"
初三年级情绪管理主题课程

一、学情分析

情绪是人对于客观事物与自己的需要是否相适应而产生的态度的体验，它与心理健康关系密切，是心理健康的重要标志之一。中学生处在生理和心理都迅速发展的特殊时期。生理上，第二特征的出现带来了性的觉醒，身体上产生了巨大的变化；心理上，自我意识萌芽，独立意识逐渐增强。生理和心理上的变化，也导致了情绪发展呈现出情绪体验加强、具有冲动性和爆发性、情绪不够稳定、具有两极性等特点。初三的学生由于学业重压力大，因而可能产生较多的负面情绪，这些负面情绪堆积在学生心中很不利于学生的身心发展。设计一节以"吐槽大会"为主题的心理健康课，就是让学生合理宣泄自己的负面情绪，更好地调整并适应该学段的生活。

二、教学目标

①情感目标：宣泄负面情绪，调节情绪。

②认知目标：认识到"合理吐槽"也是一种情绪宣泄的方式，在遇到情绪困难问题时学会寻找支撑与帮助。

③行为目标：合理宣泄自己的负面情绪，更好地调整并适应初三的生活。

三、教学思路

课堂导入 ▶ 主题活动 ▶ 活动升级 ▶ 课堂总结

四、教学准备

PPT、情绪词小卡片、治愈系励志动画短片《鹬》（奥斯卡最佳动画短片）。

五、教学过程

（一）课堂导入："眉目传情"热身活动

活动要求：每列第一位同学会抽到一个情绪词，各列同学只靠肢体和眉眼表情把这个词一直传到最后一位同学，最后那位同学猜出情绪词并写在黑板上。全程不能说话，看哪组又快又准。

生：参与活动。

师：这个游戏难在哪里？你们是如何化解这种困难的？情绪是可以传染（传递）的，而且传染性非常强，即使不能说话，也影响不了我们丰富的表情。

（二）主题活动：吐槽大会

活动准备前宣誓承诺：学生共同宣誓承诺。

我郑重承诺：在接下来的活动中，我将热情参与全心投入，严守活动规则，听从老师的指挥，服从安排；在活动中尊重自己、尊重同伴；在活动中真诚友好地对待同伴，不恶意伤人；在任何时候都不取笑、不指责、不泄密；努力为同伴、为集体贡献一份温暖和力量。承诺人：×××。

活动要求：

①在纸条上写下你想要吐槽的事（可写多件），尽量描述得具体一点，并表达这件事带给你的感受，可匿名。

②不进行人身攻击，尽量不做评价，只针对现象或行为吐槽。

③尽量用幽默的语言和方式表达你的吐槽。

④将纸折成纸飞机或揉成纸团。

⑤全班围成一个大圈，将飞机往课室中间放飞，并喊出：让那些烦心事都见鬼去吧！

⑥每个同学随机捡起一个纸飞机，并回到座位上。

（活动注意：如果实在是没有吐槽的事情，也可以写下自己的心愿，则在放飞机时可喊出"祝我心愿达成"）

师：引导学生举手自愿分享纸条上的吐槽。

生：自愿念出纸条上的内容尽情吐槽。

师：按照吐槽情况进行总结。大家听完这么多的吐槽，有没有一些其他人的吐槽其实也是自己想吐槽的？其实，也许自己的困惑与难过原来其他人也有（共情），你不是孤单的。

（三）活动升级：帮帮我吧

活动要求：

①重新在纸条上写下你对于这个吐槽问题的回答，为这个不知名的同学出谋划策，帮助其走出困境。

②联想并思考自己现在的情况状态又是如何呢？你会主动寻求帮助吗？目前最困扰你或者最令你担心的是什么？这说明你重视什么？

③写完后可与同桌讨论交流并举手分享。

师小结：有吐槽有困扰很正常，并且能够以"吐槽"的形式宣泄出来也是对情绪的一种合理释放。偶尔去吐槽一下生活中的烦恼与困扰，能让自己稍微舒缓一点。并且当有人听完你的吐槽后，也许还能想办法帮助你一起去解决并克服那个问题。办法总比问题多！相信自己，也希望同学们能够勇敢寻求帮助与支持！

师：观察学生的创作情况，并引导学生进行讨论分享交流

（四）课堂总结

播放治愈系励志动画短片《鹬》（奥斯卡最佳动画短片）。

看完这个短片，相信同学们都会被感动到，关于独立，成长，母爱，克服恐惧，很多点都能引起共鸣。孩子总要离开父母远走高飞，首先摆脱的就是依赖，其次是学会面对。很多东西是未知的恐惧，但真的尝试后，

像短片里的小鸟在海上睁开双眼，看到的便是五彩斑斓的新世界。愿我们每一个同学都能像这只小鸟一样，在成长中战胜恐惧，即使遇到困难也能够勇敢克服，让我们变得更坚定更自信！

六、教学建议

本节课通过游戏活动的形式，引导学生合理宣泄自己的负面情绪，使学生的情绪得到一定的释放，同时也让学生更深刻地体验到在遇到困难时能够寻求支持与帮助的重要性。合理宣泄情绪是调控负面情绪的重要手段，有利于学生身心发展及健康成长。

本节课活动性强，教师要注意维持好班级纪律活动秩序，避免太过喧闹或者混乱。同时要能够根据学生吐槽的情况随机应对控场。最后的总结需注意升华。

七、教学资源

治愈系励志动画短片《鹬》（奥斯卡最佳动画短片）。

"乘风破浪，逐梦前行"
初三年级生命教育主题课程

一、学情分析

初三的学生学习竞争十分激烈，频繁的考试、测验大大增加了他们的心理压力，使得他们不敢面对失败，同时，一旦失败，立即就会灰心丧气，情绪低落，挫折感油然而生。为了缓解初三学生的升学压力，转压力为动力，愉悦学生的身心，增强其学习的积极性和自信心，促进学生的团队协作，特此设计了本次主题为"乘风破浪，逐梦前行"的活动课。

二、教学目标

①情感目标：释放负面情绪，放松心情。
②认知目标：认识到坚持、不放弃的重要性。
③行为目标：在学习生活中利用好身边资源，化压力为动力。

三、教学思路

热身活动：开火车 → 翻山越岭 → 铜墙铁壁 → 课堂总结

四、教学准备

背心衣服；凳子、垫子、轮胎等教具；便利贴；若干支笔；将学生分成 10 人一组。

五、教学过程

（一）热身活动——开火车

①以小组为单位排成一列面向同一个方向。

②第一位同学穿上背心，最前面的两个人面对面，手牵手，第三个人把衣服从第一个人身上脱下来穿到第二个人身上，第四个人把第二个人身上的衣服脱下穿到第三个人身上，以此类推，衣服顺利传递到最后一名队员身上即为挑战成功。

③所用时间最短的小组为胜。

④计分：第一名 10 分，第二名 8 分，第三名 6 分，第四名 4 分。

游戏开始前每个小组有 3 分钟时间进行讨论和试行。

生：认真参与活动，活动后进行活动分享。

师：引导学生认识沟通和合作的重要性。思考在学习生活中哪些地方是需要沟通和合作的。

（二）翻山越岭

以小组为单位，两个人一组，一人为盲人，一人为拐杖。活动过程盲人不能沟通，拐杖对盲人进行指引，拐杖指引盲人穿越各个障碍物。

小组成员全员完成所用时间最短的为胜。

计分：第一名 10 分，第二名 8 分，第三名 6 分，第四名 4 分。

游戏开始前每个组有 2 分钟时间进行讨论和试行。

生：认真参与活动，活动后进行活动分享。

师：引导学生认识信任和沟通的重要性。探讨学习生活中的障碍有哪些？身边有哪些"拐杖"可以使用。

（三）铜墙铁壁

①以小组为单位，两人一组，面对面站立，右手抓住左手手腕，与队友互搭梯子；两两依次连接排成铜墙。

②小组选出一人作为穿越者，从同伴用手搭成的铜墙铁壁上面通过，穿越者穿过之处，人桥需要不断地补充塔桥直至穿越者最终到达终点。

③穿越距离为 15 米。

④所用时间最短的为胜。计分：第一名 10 分，第二名 8 分，第三名 6 分，第四名 4 分。

游戏开始前每个班有 3 分钟时间进行讨论和试行。

生：认真参与活动，活动后进行分享。（穿越者着重分享）

师：引导学生思考坚持的重要性，与学生共同探讨在初三的学习生活中，如何更好地为了自己的目标而坚持。

（四）课堂小结

同学们注意保持良好心态，正确看待和应对学习压力，实现身心的平衡和健康。记住，学习是一场马拉松，而不是短跑，保持耐心和毅力，相信自己能够克服困难，取得更好的成绩。

六、教学建议

翻山越岭和铜墙铁壁部分要做好安全防护，尤其是铜墙铁壁部分，最好能安排一人在一旁守护穿越者。

"当今年把我交给明年"
初三年级其他主题课程

一、学情分析

网络上比较热门的"当2022把我交给2023"漫画简洁地体现了时间更替，每一年都是不平凡的一年，对过去的回顾、对未来的期待，对于学生而言具有非凡意义。初三学生独立性获得了较大发展，渴望教师与家长的尊重和理解，愿意表达自身观点，一堂纸笔练习课程会是很好的选择。

二、教学目标

①情感目标：体验到年度交接的仪式感和积极正向体验。

②认知目标：觉察自己过去一年的变化以及心情，认识到处于初三既要把握学习，也要兼顾自身各方面状态。

③行为目标：初步培养总结、反思意识，将阶段性总结应用到生活中。

三、教学思路

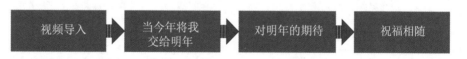

视频导入　→　当今年将我交给明年　→　对明年的期待　→　祝福相随

四、教学准备

每人一张学案纸、彩笔。

五、教学过程

（一）视频导入：《2022 平凡的一天，不凡的一年》

师：引导学生看完视频后回顾过去一年发生的事情，尤其是重大事件，总结关于自己的关键词。此处教师还可以用情绪等具体板块，让学生进行自我评价或评分。

生：思考、分享。

（二）当今年将我交给明年

师：引导学生想象，假设今年将要把我们交到明年手中，请告诉来迎接我们的明年，过去这一年我们过得怎么样？有什么委屈与遗憾？又有什么幸福和满足瞬间？

生：完成填写并分享。

（三）对明年的期待

师：引导学生想象并写下对明年的期待、愿望或目标，牵起明年的手，勇敢向前走。

生：完成填写并分享。

（四）祝福相随

师：在展望未来的基础上，引导学生思考，今年肯定还有很多话、祝福想要和我们说，想一想他们会说些什么。

生：完成填写并分享。

六、教学建议

视频导入部分，教师可以根据时事 / 年份选择不同素材。

活动过程教师可自行准备轻柔背景音乐。

"目标在手 未来我有"
初三年级学习适应主题课程

一、学情分析

目标管理是一种把个人需求和目标结合起来的管理方法。每个学期的开始，设立学习目标十分重要，因为有了目标，学生们才能有动力去明确自己的学习方向。寒假后的开学季也是初三年级学生面临毕业的时期，就学生的心理需求来说，他们需要及时转变身心节奏，获得新的目标感和动力感。在学期初开设"目标"主题心理课，有利于启迪学生思考人生规划，增强自我意识，提高学习力，激发学习内动力，从而促进学生人格健全发展。

二、教学目标

①情感目标：通过自我目标的探索，感受积极的情绪体验与自我效能感。

②认知目标：认识目标在成长中的作用，了解自己的需求与期待，形成科学制订目标的意识。

③行为目标：掌握迎接新挑战、树立新目标、激发新动力的方法。

三、教学思路

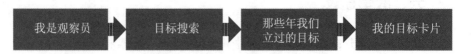

我是观察员 ➤ 目标搜索 ➤ 那些年我们立过的目标 ➤ 我的目标卡片

四、教学准备

纸张或卡片。

五、教学过程

（一）我是观察员

①请同学们观察我们的课室。

②请同学们观察我们的课室有几种颜色？

思考：两次观察有哪些不同？

师：对比第一次观察，第二次观察我们有了目标，行动才有方向，当设置的目标更加具体的时候，我们行动的方向也更加清晰。

（二）目标搜索

①请同学们在纸上写出你近期内要完成的五件重要事情，可以是学习、交友、旅游、练字、买衣服、读完某一本书或参加某方面活动等。

②假如你现在有特殊事情，必须在五件事中抹掉两项，体验一下你现在的心情如何？你会抹掉哪两项？

③现在又有特殊情况发生，你必须再抹掉一项，你的心情又如何呢？你又会抹掉哪一项呢？现在还要再抹掉一项，你又会做出怎样的决定呢？

④最后只剩下一件事了，这就是近期你最想做的、对你来说最重要的一件大事，这就是你当前的奋斗目标。

⑤和大家谈一谈你的奋斗目标是什么呢？想下面三个问题：第一，我是不是想要实现那个目标？我是不是一定要实现那个目标？第二，我有没有实现目标的条件呢？我怎样发挥这些条件呢？第三，实现目标的困难障碍难以克服吗？我要不要克服？我一定要克服吗？

师：首先需要明确自己内心的需求与期待，制订目标一定要贴合自身的需求，这样才有足够的动力。

（三）那些年我们立过的目标

①请同学们回忆每个学期你曾经立过哪些目标？

②有哪些目标是你实现了的？有哪些目标是你没有实现的？

③实现了的目标和没有实现的目标有什么区别？

生：思考、记录、分享。

师：在立下这些目标的时刻，我们都希望自己能够实现它们，能够变成自己理想中的样子。为什么有的目标好像总也实现不了呢？每个人达到自己目标的方式和时间都是不一样的，依据目标管理的 SMART 原则我们可以制订适合自己的目标，并根据情况进行灵活的调整。

（四）我的目标卡片

新学期，你想完成什么事？你对自己有哪些期待与要求呢？在学习上达成什么目标？在与人交往上，有没有什么想要做到的？你希望自己养成什么样的习惯？你想要学习什么新的技能？或者培养哪方面的兴趣？

生：思考并记录。

师：请带着以下几个问题在小组内"找茬"，帮助组员完善目标。

生：小组活动。

师：当我们从不同的角度去完善目标，我们就会有更强的动力去执行目标，也就越有可能实现目标。

六、教学建议

本节课的设计并没有按照传统的目标管理 SMART 原则来设计，而是通过一个"目标搜索"活动带领学生自己去体会，把比较枯燥的内容转变为学生喜闻乐见的体验活动。但是需要教师有很强的指导性，在和学生互动的过程中引导学生思考，让学生有体验有思考。

"我会独立思考"
初三年级独立与批判思维主题课程

一、学情分析

独立思考是一种弥足珍贵的能力，特别在当下这个信息泛滥的网络时代，培养独立思考能力的关键是形成批判性思维。批判性思维是一种思维方式，能够对问题、论述、证据等进行辩证性的思考，从而提出或形成自己的观点。我们的批判性思维并非与生俱来，想要拥有独立思考的能力就需要不断地训练。培养青少年学生的独立思考能力，激活他们的批判性思维，是当今时代背景下十分重要的教育课题。

二、教学目标

①情感目标：培养审慎的态度，重视培养自己的批判性思维。

②认知目标：认识到培养批判性思维的重要性，增强对信息的辨别能力。

③行为目标：掌握养成批判性思维的方法，并能够在日常生活中有意识地训练。

三、教学思路

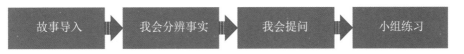

故事导入 ▶ 我会分辨事实 ▶ 我会提问 ▶ 小组练习

四、教学准备

视频资源、《瓦特的故事》。

五、教学过程

（一）故事导入

"两百多年前，有个小男孩在奶奶做饭时看到炉子上烧开水的茶壶，壶盖正上下跳动，他问奶奶为什么会这样，奶奶却无法回答……"

师：生活现象会产生问题，带着问题去思考，在问题的引领下不断阅读、研讨，才会产生推动人类发展的发明创造。要学会批判式思考就要学会质疑和提问，提问可以对别人提问以寻求解答和探讨，也可以对自己提问引导思考。

（二）我会分辨事实

关于冰激凌的说法，哪个是事实？哪个是观点？

①冰激凌很好吃。

②冰激凌通常是用牛奶制品做的。

师：事实就是可以反复证明的东西。关键词有：科学概念、数字、日期、历史事件等。

观点：是一个人的感受或者想法。关键词有：我觉得、我想、我相信、最等。

练一练：

①"人之初，性本善"选自《三字经》。

②李白是伟大的浪漫主义诗人。

③地球是宇宙中最美的星球。

④李白写了很多诗。

⑤这部电视剧丑化了我们的民族英雄。

⑥纸是人类历史中最伟大的发明。

师：独立思考，从辨别"观点"和"事实"开始。能区分什么是事实，什么是观点，这是批判性思维的基础。

（三）我会提问

日常问题模拟：

同学说：我们班主任特别偏心，她总是点小美和小新回答问题，都不点我回答问题。

1. 你怎么看待这个说法？

生：分享。

师：我们平时习惯了直接下论断，还不太习惯于首先对论断进行怀疑，学会批判式思考就要学会质疑和提问。

2. 你会根据这个说法提出哪些问题？

生：分享。

师：到底如何才能掌握"提问"这个看似普通的技能呢？如何才能在提问中提升认知、加深思考呢？介绍一种提问的方法。

师：播放《为什么你提不出问题？教你提问三部曲》。通过"What How Why"提问三部曲，我们可以一步步地从事物的表象，深入到探寻事物的本质。

师：关于上述的说法，我们可以提出这样的问题：

① What 问题：班主任总是点小美和小新回答，那这个"总是"频次有多高？在一堂课上，老师问了几个问题？小美和小新回答了几个问题？

② How 问题：老师点小美和小新回答问题的时候，班上大概有多少同学在举手？是只有小美和小新举手还是什么？

③ Why 问题：老师为什么会点小美和小新回答？老师一般会喜欢点什么样的同学来回答问题？

师：提问可以对别人提问以寻求解答和探讨，也可以对自己提问引导思考。对提出质疑的问题，通过问题的论证来得出结论。

爱因斯坦曾说："提出一个问题比解决一个问题更重要。我没有什么才能，只不过喜欢刨根问底地追究问题罢了。"思考力从来不是天生就有的，而是需要长期的锻炼和积累，才会从量变达到一个质变的过程。

（四）小组练习

请同学们在小组内练习：

①分辨事实。

②小组成员互相提出说法，其他成员进行分辨。

③互相提问。

④回忆你最近看过的书，听过的新闻，学习上或人际交往上的经历，互相分享自己的好问题。

师：我们的批判性思维并非与生俱来，想要拥有独立思考的能力就需要不断地训练。

六、教学建议

批判性思维训练方法：提出问题、收集证据、评估证据、验证假设、保持开明思想、得出结论、探讨和辩论其他观点。本节课只通过"学会辨别事实和观点"和"我会提问"两个环节去引导学生深入地思考自己的生活和时事，初步认识和锻炼批判性思维。

七、教学资源

①视频资源：哔哩哔哩【3分钟分清事实和观点，学会好好用批判性思维讲道理】https://www.bilibili.com/video/BV11f4y1m7sH?vd_source=c41e3c53d04a74cd259ef933964fef6b

②视频资源：哔哩哔哩【为什么你提不出问题？培养批判性思维核心思想 | 学会提问】https://www.bilibili.com/video/BV1dC4y1W7tf?vd_source=c41e3c53d04a74cd259ef933964fef6b

③《瓦特的故事》：

瓦特是世界上公认的发明家。他发明了蒸汽机，被世人称为"蒸汽机之父"。他的创造精神为后人留下了宝贵的精神和物质财富，极大地推动了社会生产力的发展。瓦特出生在英国苏格兰一个小镇格里诺克，他的父亲是一个木匠，祖父和叔父都是机械工匠。瓦特从小就表现出惊人的智慧和强烈的好奇心，大人们都夸他聪明伶俐。他喜欢到自家的花园里观察植物的生长，还经常把过程用笔画下来或记录下来。他非常喜欢提问题，有时候还真把大人难住了呢。一天，他在厨房里看到奶奶正在烧水。水开了发出"哧哧"的声音，他发现壶盖不知为什么就被顶了起来，他好奇地问奶奶："奶奶，是什么东西把壶盖顶起来了？"奶奶笑着说："是水蒸气呀，水开了，壶盖就会被水蒸气顶起来了。"小瓦特很不相信地说："水蒸气能有这么大的力量？一定是壶里有小动物把它顶起来的。"说着就过去把壶盖拿了下来看了又看，但是里面除了水还是水，其他什么东西也没有。奶奶说："怎么样？我说的对不对？"可是瓦特还是不服气，又把壶盖拿了下来，察看了半天，里面还是没有"小动物"出现，这使他有些失望。瓦特仍然不明白这是怎么回事，又追问道："为什么只有水开了，壶盖才会被顶起来呢？"瓦特的父亲很喜欢瓦特这样刨根问底，他告诉瓦特，蒸汽是有很大力量的。父亲让瓦特仔细观察，看看蒸汽的力量到底有多大。从这以后，小瓦特像中了魔一样，常常盯着烧水壶，一看就是大半天。瓦特常常想："壶盖是被水蒸气推动而上下跳动的。既然一壶开水能够推动一个壶盖，那么用更多的开水，不就可以产生更多的水蒸气，推动更重的东西了吗？"长大后，瓦特常常一边喝着茶，一边看着那一动一动的壶盖。想起小时候和奶奶的对话，瓦特心里充满了期望：蒸汽的力量到底有多大？我一定要利用这股神奇的力量发明一个机器。在瓦特的不懈努力下，他终于发明了蒸汽机，人类社会由此进入了"蒸汽机时代"。

参考资料：

［美］安德里亚·戴宾. 我会独立思考［M］. 黄瑶，译. 北京：北京联合出版公司，2021.

"新生活，心舒适"
初三年级认识自我主题课程

一、学情分析

初中学生正处于青春期建立自我同一性阶段，自我意识快速发展，对于自身的探索和定位会影响他们建立自信。在平时的教育教学过程中，我们发现，该年龄阶段学生面对压力的能力似乎越来越弱了，特别是初三部分学生经过多次学期监测，习惯待在舒适区，遇到挑战或困难时容易放弃或不知所措，从而进一步导致他们退缩、自卑等心理。因此，帮助学生看到舒适区并激发学生扩充自己舒适地带的欲望、积极面对学习生活中的挑战是非常有必要的。

二、教学目标

①情感目标：学生敢于接受挑战、扩充舒适地带的欲望，积极面对学习生活中的挑战。

②认知目标：认识舒适圈的定义及突破舒适圈实现成长的意义。

③行为目标：掌握扩充舒适圈的方法。

三、教学思路

活动导入：叉手游戏 → 探索我的舒适地带 → 扩充我的舒适地带 → 走出舒适圈，我能行

四、教学准备

PPT、自制剪辑视频《鹬》前后两段。

五、教学过程

（一）活动导入：叉手游戏

规则：

①所有同学伸直双手，双手十指交叉，重复五次。

②调整手的位置，再重复五次。

师：①观察自己的双手，是左拇指在上还是右拇指在上？

②第一次和第二次活动给你们带来的感受一样吗？

师：引出三圈的概念，舒适圈：即人们习惯了的环境、生活、工作或学习方式，当人们处于自己的舒适地带时，觉得安全、舒适，当面对的压力和挑战超出了舒适地带时，会感到不舒服，甚至产生焦虑、恐惧情绪。

舒适圈的表现：

①每天的工作重复且枯燥；

②对手头上的事情提不起劲去做；

③每天貌似很舒服地在工作或生活；

④人变得越来越颓废。

师：如果你有上述感觉，证明你正处于舒适圈中，它正在一点一点地侵蚀你的内心，让你变得越来越懒惰，生活也越来越无趣。另外一种生活状态：看起来很努力，看起来很累很忙，不过是无意义地循环着，这样的生活，过着觉得舒服，却没有本质性的变化。

学习圈：学习圈（区）里是我们较少接触或者未曾涉足的领域，对于新的事物，我们可以有更多的机会去挑战自我、锻炼自我，能学到的东西也就很多，有时候会有轻度不适应的感觉，但是克服了就好了。

恐慌圈：恐慌圈（区）里的人会感到严重忧虑、恐惧，有点承受不住压力，超过自己的能力，所以人处在恐慌圈中也无法学习。

（二）探索我的舒适地带

师：播放视频《鹬》前半段。

师：①视频中，这只小鹬在捕食方面的舒适圈是什么？

②你在哪些方面也存在舒适圈？请举例说明。

师：制作我的学习舒适圈。

规则：

将所有的学科一一放在对应的圈里（舒适圈、学习圈、恐慌圈）。

生：分享舒适圈。

师：①将自己的舒适圈与身边的同学进行比较（并提问你的同桌："你觉得我的舒适圈是否正确？"）；

②分享你的发现。

生：完成舒适圈活动后分享。

（三）扩充我的舒适地带

师：播放视频《鹬》后半段。

师：①小鹬在捕食方面的舒适圈有得到扩充吗？

②它是如何扩充在捕食方面的舒适地带的呢？

小组讨论：老师事先准备好其中一个内容（学习能力、运动能力、人际交往能力、公众发言等方面）分到每一个小组，讨论舒适地带。

生：小组讨论，组长总结分享。

小结：

首先，尝试改变，跨出第一小步（学习鹬宝宝）。

其次，相信自己，有所坚持（心理暗示）。

再次，制定目标，遵循小步子原则。

①细化目标，具体安排。

②找人监督，我们可以邀请同学做我们的监督者，共同制订和监督执行彼此的学习计划、家人监督生活计划等。周六、日可以通过网络打卡监督（我们不仅可以和监督者相互鼓励、相互支持，而且他们也可以以旁观者的角度，为我们解决问题提供帮助）。

③立刻去做，战胜拖延。

（四）走出舒适圈，我能行

活动再体验：手指交叉，换位置做20次。

师：感觉如何呢?

总结：当我们踏出自己的舒适圈时，会带来挑战，会带来不舒适感，很自然想退回舒适圈内，当我们鼓起勇气改变，反复练习，不适感就会降低，最终成长，因此，走出舒适的第一步就是从此刻行动。

六、教学建议

在活动"扩充我的舒适地带"中，老师事先准备的内容尽可能结合学生身边的实例，具体的案例有利于学生更好地思考，使得呈现的方法更加有针对性，有效。

七、教学资源

学习的区域：知识技能的掌握程度可以分为不同的区域，通常包括舒适区、学习区和恐慌区。

①舒适区：在这个区域里，个体已经熟练掌握了某些知识或技能，能够轻松地应对相关的任务和挑战。处于舒适区的个体通常会感到轻松和自信，但长期处于舒适区可能导致停滞不前，缺乏新的学习和成长机会。

②学习区：也称为"成长区"或"挑战区"，在这个区域里，个体面对的任务和挑战适度超出其当前的能力水平。通过努力学习和实践，个体可以逐步提高自己的知识技能水平，实现成长和进步。在学习区中，个体可能会感到一定的压力和挑战，但这种适度的压力有助于激发潜能和提高适应能力。

③恐慌区：在这个区域里，个体面临的任务和挑战远远超出其当前的能力水平，可能导致焦虑、恐慌和逃避。恐慌区的经历可能对个体的心理健康产生负面影响，使其丧失信心和动力。

教师引导学生绘制学习的舒适区、学习区和恐慌区，以增进对自我学习情况的了解，帮助实现持续的学习和个人成长。

"拥抱压力，从容应考"
初三年级情绪调适主题课程

一、学情分析

《中小学心理健康教育指导纲要》中指出，要使中学生"积极应对考试压力，克服考试焦虑"。根据临床心理学家 Albert Ellis 提出的理性情绪行为疗法理论，考试本身是一个中性的事件，并不会直接给人紧张焦虑的感受，之所以会产生这样的情绪，是因为个体对考试的知觉、解释和评价的方式所致。引导学生深入分析自己对于考试的思考方式，有助于学生把压力转化为动力，缓解考前的焦虑情绪，是培养学生积极健康心理素质的有效途径之一。

二、教学目标

①情感目标：正确看待压力，缓解考试压力。
②认知目标：使学生能够识别造成自身考试压力最主要的来源。
③行为目标：通过活动体验，能够分析对于考试的不合理想法，将其转化成合理的动力信念。

三、教学思路

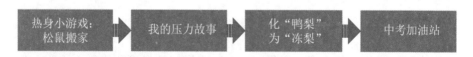

热身小游戏：松鼠搬家 ➡ 我的压力故事 ➡ 化"鸭梨"为"冻梨" ➡ 中考加油站

四、教学准备

鸭梨形状的活动卡片——按人数每人一张；"冰箱"模型（4层抽屉）；

卡片若干（提前写好了班上某位同学的名字）。

五、教学过程

（一）热身小游戏："松鼠搬家"

①主持人（教师）介绍规则，学生每三人为一组，其中两人双手举起对撑搭成一个"小木屋"，另一个人扮"小松鼠"，蹲在"小木屋"里。

②根据主持人的口令进行变化，如：

"松鼠搬家"——"小松鼠"调换到其他的"小木屋"。

"樵夫砍柴"——搭建"小木屋"的两个人分开，寻找新的"樵夫"搭建新的"小木屋"。

"森林大火"——"小松鼠"可以变成"樵夫"，"樵夫"可以变成"小松鼠"。

③主持人可以不断变化着发出口令，大家做出相应的变化。在活动一开始安排2只无家可归的"小松鼠"充当竞争的角色，这样在变化中必然会有新的"小松鼠"或"樵夫"被淘汰。

④无家可归的"小松鼠"要表演一个节目作为小惩罚。

（二）我的压力故事

①团队中顺时针相邻的两个人迅速组成搭档，分A、B角色，A先向B讲述一件对自己产生压力感的事情，属于正常压力，自己是怎样应对的。角色互换，重复以上过程。

②每次讲述3分钟。

教师引导讨论：①不同的压力带给自己的是什么？②还可以有什么应对方式？③当压力出现时，如果积极应对会带给我们什么？如果消极对待又带给我们什么？

学生：讨论并分享。

（三）化"鸭梨"为"冻梨"

①寻找最大的"鸭梨"：在鸭梨卡片上采用"如果我没考好，就会……"的句式写出自己考试压力最主要的来源，例如：被同学瞧不起；辜负父母长辈的期望；影响未来前途；等等。

②将"鸭梨"放进冰箱：首先，仔细分析你的鸭梨卡片，根据它的性质分别放进"冰箱"贴有相应标签的抽屉里，包括"自身压力""家庭压力""同学压力""教师压力"。然后，将每一类压力汇总。最后，同学们集思广益，在每种压力句式后面再加上一个"因为"。例如，如果我没考好，就会毁掉我美好的前程，因为这次考试太重要了；如果我没考好，就对不起父母长辈的殷切期望，因为我必须成功才能回馈他们；如果我没考好，就会被同学瞧不起，因为同学们都只看得起成绩好的同学；如果我没考好，就说明我太笨，是个没用的人，因为只有考出好成绩才能体现出我的价值；等等。

③阶段分享：教师引导：如果没考好，结果就这么可怕吗？持有这种想法会带给你什么样的情绪体验？会引来什么样的结果？学生分享。

④变成"冻梨"向前冲：首先，质疑鸭梨卡片所填写的内容。例如：如果没考好，真的说明我太笨，是个没用的人吗？只有考出好成绩才能体现出我的价值吗？全体成员一起挑战每一个非理性信念。然后，将其内容进行转换。例如：如果我没考好，结果也不是那么糟糕，也不能证明我就是个没有用的人。只要我有那种想法，我就会一直焦虑，与其这样浪费时间，还不如做点建设性工作。如果我改变了我的态度，那么我会有压力并有可能考出好成绩，如果我没考好，我也不会对自己失望。最后，全体同学大声诵读经过合理转换之后的句子。

⑤总结：其实，考试是一个非常普通的中性事件，但往往会被人为地贴上"压力"或"痛苦"的标签。所以，你所感受到的紧张焦虑的情绪并非由考试这件事造成，而主要是因为你对考试的某些不合理的信念所造成的。今天的活动让我们认真剖析自己的想法，并将其中不合理的部分慢慢转换成源源不断的动力。

（四）中考加油站

老师让学生抽取卡片，卡片上提前写好了班上某位同学的名字，请抽到卡片的同学给 TA 写一段鼓励的话，然后将卡片送给 TA。

学生：分享。

教师总结：朋友已经因为你充满力量，现在，我们需要给自己加加油，以饱满的状态迎接中考，距离考试还有 100 天，你想要实现的都可以做到！

参考资料：

①公众号：三仓心理学界："与压力共舞——压力应对"团体辅导方案。

②公众号：河南省中小学心理网：心理健康现场课：心理健康课堂活动：考前"鸭梨"放冰箱，变成"冻梨"稳向前。

"青春不散场"
初三年级人际交往主题课程

一、学情分析

同伴关系是同龄人间或心理发展水平相当的个体间在交往过程中建立和发展起来的一种人际关系。初三的学生心理水平尚处于从幼稚向成熟发展的过渡阶段，是世界观、人生观形成的关键时期，同时又面临着中考的升学压力。对于即将毕业的学生，良好的人际关系能够一定程度缓解备考的压力。

二、教学目标

①情感目标：以积极的态度面对离别，感受班级凝聚力。
②认知目标：认识到欣赏他人的重要性，思考自己初中三年的变化。
③行为目标：挖掘自身优点。

三、教学思路

活动导入 ➡ 回顾过往 ➡ 明日之星 ➡ 展望未来

四、教学准备

PPT、音乐《夜空中最亮的星》。

五、教学过程

（一）活动导入：谁的背影？

活动规则：全班分成四大组，PPT 播放班级学生背影，学生以抢答形式辨别班级同学，回答正确加分，错误扣分。分数最低的一组有小惩罚，给胜利组的同学捏肩膀 30 秒。

生：学生活动。

（二）回顾过往

师：还记得新生入学第一天，你和谁说的第一句话吗？你对班里的哪位同学印象最深刻？

生：回忆初中三年共同经历过的事情，学生自由分享。

（三）明日之星

1. 他的优点我知道

活动规则：每个同学随机抽取其他同学的名字，说一说同学的优点，可结合事例。

生：学生抽取事先准备的名单，分享。

2. 给自己的一张奖状

师：每人一张空白奖状，结合刚才同学们对你的评价，再结合你对自己的认识，对比初一的你，写下你初中三年最努力的经历，哪一个瞬间你觉得自己长大了？

生：学生分享，其他同学给予鼓励。

小结：每个同学在这个世界上都是独一无二的，是不可替代的，学会发现自己的优点，展示自己的长处。

（四）展望未来

师：中考将至，为中考加油，请在卡纸上写下你对同学的祝福，在青春洋溢的音乐下，将这份祝福传阅到班级里的每一个角落。（播放背景

音乐：《夜空中最亮的星》）

生：写中考祝福，全班传阅。

总结：通过本节课，我们回顾了初中三年，有喜有悲，不管我们是否满意这三年的初中生活，我们都一同经历过，相信大家都会有所感悟。今天，我们也展望了未来，我们心怀感激，感谢这几年大家的付出，希望同学们的祝福给我们带来力量，以最好的状态去迎接接下来的中考。祝愿大家，再相见，不负韶华。

六、教学建议

在活动"回顾过往"中，老师如果可以事先制作班级片段视频，或者课前布置班级同学去完成这一个任务，可以在课堂上取得更好的效果，回顾班级点滴，感受班级的凝聚力。

在活动"明日之星"中，老师注意要给学生充足的时间思考、分享，对于不满意初中生活的学生，可能会不愿意分享，老师就要引导学生辩证地看待，给予充分的鼓励。

"走近心理学"
高一年级其他主题课程

一、学情分析

心理学是研究心理现象及其发生、发展和变化规律的一门学科。在这门学科的研究与发展历史中，心理学家们发现了许多有趣的心理现象和心理学理论。高一年级的学生处于心理特征将会明显变化的阶段，走近心理学，可以帮助学生了解与学习心理学，并将心理学知识应用到自己的学习和生活中，收获更加丰富的高中生活。

二、教学目标

①情感目标：提升对心理学的兴趣，提高课堂参与积极性，体验心理学知识的魅力。

②认知目标：了解心理学以及心理咨询科学定义，消除对心理学的一般性误解。

③行为目标：初步掌握心理学概念，将所学知识应用至学习与生活之中。

三、教学思路

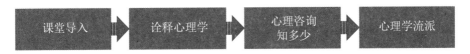

四、教学准备

动画短片《The School Of Life——PSYCHOTHERAPY》（人生研习社——

心理咨询）、每位同学一张"WWWA自荐表"。

五、教学过程

（一）课堂导入（WWWA）

师：充分地自我介绍，包括内容：我是谁（Who）、来自哪里（Where）、有什么兴趣爱好（What），并且发放表格，要求同学们按照相似内容以及表格格式，完成表格（And You？）。

生：认真填写表格。

（二）诠释心理学

师：提问学生对心理学的看法／说到心理学联想到什么。

生：自由回答。

师：总结梳理学生回答，并给出定义"心理学是研究心理现象及其发生、发展和变化规律的一门学科"。

心理学有许多分支：普通心理学、发展心理学、生理心理学、社会心理学、教育心理学、管理心理学等等，涉及人们的方方面面。

心理学并不是一门神秘的学科，它不仅生动有趣，其实它还是一个年轻稚嫩的学科，心理学的历史并不长。

（三）心理咨询知多少

师：播放视频动画短片《The School Of Life——PSYCHOTHERAPY》，并对常见误区进行澄清。

心理咨询并不是"疯子限定"，而是提供给每个人的，在生活中遇到诸多困难，都是很正常的，每个人都有寻求心理咨询援助的权利。懂得寻求心理咨询，是为维护自己的心理健康迈出的正确且成熟的第一步。

（四）心理学流派

师：列举不同流派代表人物，并结合内容对流派进行简单介绍。

1.经典精神分析

精神分析心理学（psychoanalytic psychology）是西方现代心理学思想中的一个主要流派。它产生于19世纪末20世纪初，既是一种精神病症的治疗方法，也是在医疗实践中逐渐形成的一套心理理论。创始人是奥地利精神病学家西格蒙德·弗洛伊德，代表人物有安妮·弗洛伊德和梅兰妮·克莱因等。到20世纪20年代，这个流派的理论逐渐扩展到社会科学的各个领域，发展成为无所不包的哲学观，构成了现代西方的一种主要的社会思潮。

2.行为主义

主张研究人的行为，主张心理学不应只研究人脑中的那种无形的像"鬼火"一样不可捉摸的东西——意识，而应去研究那种从人的意识中折射出来的看得见、摸得着的客观东西，即人的行为。行为主义心理学的创始人是美国心理学家约翰·华生，1915年当选为美国心理学会主席，主要研究领域包括行为主义心理学理论和实践、情绪条件作用和动物心理学。

3.人本主义

人本主义心理学家认为心理学应着重研究人的价值和人格发展，他们既反对弗洛伊德的精神分析把意识经验还原为基本驱力或防御机制，又反对把意识看作是行为的副现象。人本主义流派强调人的责任、"此时此地"、从现象学角度看个体以及人的成长。人本主义没有明确创始人，甚至没有明确定义，代表人物有马斯洛、罗杰斯、罗洛·梅等，其中以罗杰斯开创的来访者中心疗法影响最大，是人本主义疗法中的一个主要代表。来访者中心疗法认为，任何人在正常情况下都有着积极的、奋发向上的、自我肯定的无限的成长潜力。

六、教学建议

初入高中的第一节心理课，相比于更标准、更专业的心理学知识，如何建立良好的师生关系，以及提起学生对心理学的兴趣显得更加重要，所以在各个环节的安排上需要老师进行灵活的判断与调整，从心出发，重视学生需求。

自我介绍环节越丰富越好，可附生活照片以及其他相关内容分享，但需把控时间。

对于流派介绍，需要教师提前做功课，对各个流派有相对完整的认识，方可进行科普心理学工作。

七、教学资源

①动画短片《The School Of Life——PSYCHOTHERAPY》

https://b23.tv/Pnqk1mv

②《当你第一次敲开学校心理辅导室的门……》

https://mp.weixin.qq.com/s/F9DwHTNENALXgCP1LGCp5w

"我的开学朋友圈" 高一新生适应主题课程

一、学情分析

高中生目前处于半成熟半幼稚时期，是独立性与依赖性、自觉性和幼稚性矛盾错综的时期。刚从初中进入高中的新生，由于环境改变、学习要求的提高和学习地位的改变、人际关系的新建立等，许多学生会感觉不适应，产生焦虑、紧张、害怕等负面情绪，若不及时调整这些负面情绪，容易产生各种心理问题。

二、教学目标

①情感目标：感受新班级的氛围与温暖。

②认知目标：认识到适应问题的普遍性。

③行为目标：利用身边资源，去帮助自己适应新生活。

三、教学思路

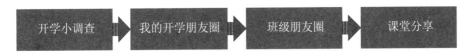

开学小调查 ➡ 我的开学朋友圈 ➡ 班级朋友圈 ➡ 课堂分享

四、教学准备

课件、视频、学习单。

五、教学过程

（一）开学小调查

播放开学小调查视频：踏入校园的第一天，你的心情如何呢？ 进入高中，你觉得初中跟高中有什么区别呢？

师：提问学生入学的感受以及遇到的挑战有哪些。

生：学生回答。

（二）我的开学朋友圈

师：提问学生如果发一条关于高一开学的朋友圈，会分享什么内容。

生：回答问题。

师：指导学生完成学习单上我的朋友圈部分。

生：根据教师引导，完成头像、姓名、个性签名、朋友圈内容部分。

（三）班级朋友圈

师：指导学生在班级分享自己的朋友圈内容。

生：分享自己的朋友圈内容，并且浏览、点赞、评论他人朋友圈内容。

（四）课堂分享

生：拿回属于自己的朋友圈，浏览班级同学留下的足迹，分享自己的感受。

师：根据课堂活动情况，对整节课堂进行回顾、总结及反馈。

六、教学建议

小调查视频可以加入学校环境片段，减少学生对新生活环境的不适应。

在指导学生编辑朋友圈内容时，可以出示 3 ~ 4 篇学生朋友圈范例，可以是环境、人际、学习等方面。

在分享朋友圈环节，教师也可以通过范例引导学生浏览分享朋友圈内容，思考可以怎么解决其问题，并把方法写在评论上帮助班级同学。

七、教学资源

附学习单：

"我的开学朋友圈"

朋友圈

用一句话介绍你自己吧：

♥

:

:

:

:

"友谊小船向前开"
高一年级人际交往主题课程

一、学情分析

友谊的英文 friendship 也被直译为"友谊的小船"，因此网络上也常常用"友谊的小船"代指"友谊"。高一学生步入新的环境，对人际交往存在害羞、观望、被动、试探等心理，部分学生渴望结交好友，却缺乏勇气和维系友谊的技巧。引导学生感受以往友谊的温暖可以激发学生主动交友的勇气，结合以往的交友经验和同伴的经验分享，可以帮助学生避免友谊中的破坏行为，主动培养美好品质，发展友谊。

二、教学目标

①情感目标：感受友谊的温暖，激发主动交友的动力。

②认知目标：认识友谊的重要性，辨识友谊中的破坏性行为和美好品质。

③行为目标：避免友谊中的破坏行为，培养友谊中的美好品质。

三、教学思路

四、教学准备

舒缓轻音乐。

五、教学过程

（一）友谊小船的船票

开启高中新旅程，友谊的小船也将继续前行，回忆以往友谊中的温暖事件，感受友谊的意义，可以获得前行的勇气，和身边的同学共同登上友谊的小船；结合自身体验和同伴分享，总结人际交往的破坏行为和美好品质，避开友谊小船的风浪；借助友谊小船的船桨，让友谊小船承载温情与快乐继续前行。

活动规则：回忆以往与好朋友相处时的温暖事件或收获，总结一个关键词，并将该事件或自己的收获简单记录在纸上，即可换取友谊小船的船票（如：陪伴——相应事件）。

师：介绍活动规则，用适当的引导语引导学生回忆与好友相处时的温暖事件。

师：（指导语）请各位同学闭上眼睛，调整坐姿，选择一个舒服的坐姿。当你听到"友谊"时，脑海里浮现了谁的脸，是他，又或者是他们？和你共同分享快乐，陪伴你度过悲伤的朋友，无论他现在是否还在你的身边，你们之间快乐的回忆、温暖的记忆，都会成为陪伴你继续前行的勇气……十秒之后，请慢慢睁开眼睛，将脑海里浮现出的温暖事件简单概括写在纸上，并总结一个关键词。

生：在舒缓的背景音乐中，根据教师的指导语进行冥想，记录相应的事件与收获，并进行分享。

师：针对学生的分享做出回应，并根据活动情况总结友谊所带来的美好体验。

师：（总结）友谊带来了美好而温暖的情绪体验，在充满温情的分享中成功换取了船票。在新旅程中也应该勇敢主动结交新的朋友，登上友谊的小船。

（二）友谊小船的风浪

师：友谊的小船并不是一帆风顺的，会遇上很多风浪，随时都会让友谊的小船说翻就翻。组织学生以小组为单位，讨论并总结友谊中具有破坏性的翻船行为（如：乱起外号、不顾场合开玩笑等）。

生：以小组为单位进行讨论并分享。

师：针对学生的分享做出回应，结合学生分享，总结如何避免交友过程中的矛盾，坐稳友谊的小船。友谊中不尊重他人的行为正如航行中遇上的风浪，稍不留神就会让友谊的小船说翻就翻。避免破坏性的行为，尊重朋友，才能稳坐友谊的小船。

（三）友谊小船的船桨

师：人际交往中美好的品质正如友谊小船中的船桨，助力友谊小船前行。组织学生以小组为单位，讨论并总结友谊中的美好品质（如：热情、真诚等）。

生：以小组为单位进行讨论并分享。

师：（结合学生分享进行总结）美好的品质可以让我们结交更多的朋友，促进双方的友谊，主动培养美好的品质可以助力友谊的小船继续前行。

师：新友谊的小船始终在前行，主动登上友谊的小船，结交新的朋友，尊重朋友，培养美好的品质，助力友谊小船不断前行。

六、教学建议

友谊小船的船票环节：注重情境创设、营造情景感，才能给学生带来体验感，促进学生参与。

友谊小船的风浪环节：该环节无固定答案，要引导学生针对行为本身，对事不对人，避免造成人身攻击。同时要引导学生友谊破坏行为是可以改正的，即使以前有过类似行为，也要勇于面对，积极改正。

友谊小船的船桨环节：该环节无固定答案，教师可以根据实际情况适当引导，也可以结合 24 种积极心理品质进行引导。

七、教学资源

推荐影片：《Kitbull》。

充满戒备心的流浪小猫和看似凶猛的斗牛犬同住一个院子，因为一个小瓶盖，它们第一次体验到了什么是友谊，也实现了相互救赎。该影片也被评为 2019 年皮克斯暖心动画短片。

"我的生命之树"
高一年级自我认识主题课程

一、学情分析

自我意识是人对自己身心状态及对自己同客观世界的关系的意识。高中生正处于青春发育期，生理上和心理上正发生着巨大的变化，此时他们所面临的核心问题是自我意识的确定和自我角色的形成。正确、全面地认识自我，有助于学生形成积极健康的自我概念，同时接纳现阶段的自己，避免出现过度自卑和自负的心理，进而改变自我、完善自我。

二、教学目标

①情感目标：感受成长的不易与喜悦，学会理解、接纳自我，懂得珍惜生命。

②认知目标：学会正确认识自我，认识到成长经历对自身的影响。

③行为目标：学会多角度地看待自己及自己的成长经历，提高自我认识及自我评价能力。

三、教学思路

课堂导入 ➡ 我的生命之树 ➡ 总结提升

四、教学准备

视频、音频（舒缓音乐）、A3画纸、水彩颜料（绿色、红色）。

五、教学过程

（一）课堂导入

1. 课堂小公约

师：强调本节课的课堂公约；认真倾听，尊重他人；积极参与；保守秘密。

2. 视频导入

师：播放视频（瑞典著名摄影师 Lennart Nilsson 通过光导管与内窥镜相机连接拍摄的子宫内胎儿的照片），引入课堂主题。

生：通过观看视频，感受生命的诞生过程。

（二）我的生命之树

1. 绘制"我的生命树"

活动体验：每位学生在 A3 画纸上绘制属于自己的生命树。树干从下往上代表0岁到现在到未来。回忆自己成长过程中让自己印象深刻的事情，以及它们对自己的影响程度。将这些印象深刻的事情按发生的时间顺序从下往上在树的任意一侧定好点，从定好的点延伸出树枝，并将这些印象深刻的事情以简短的文字写在树枝上。树枝的长短代表了该事件对自己影响程度的大小，影响程度大的则将树枝画长些，影响程度小的则将树枝画短些。

师：讲解活动规则，根据学生具体情况及课堂氛围，用适当的引导语引导学生对自身的成长经历进行回顾，组织学生完成活动体验。

生：在舒缓的音乐声中回顾自身成长经历，绘制"我的生命树"。

2. 分享"我的生命树"

小组分享：完成"我的生命树"绘制后，按预先分好的小组进行个人分享。

师：强调小组分享的纪律与规则（轮流发言、认真倾听、不随意打断，尊重他人、不攻击评判他人），组织学生有秩序地进行分享，注意维持课堂纪律。

生：根据规则进行个人分享。

3."绿叶与红花"

①活动体验：学生通过"我的生命树"对自己成长过程中的重要事件进行思考，哪些给自己带来了积极影响，哪些给自己带来了消极影响。根据个人想法，用手指蘸取颜料，在对应的"树枝"（事件）上按下指印，绿色代表积极影响，红色代表消极影响。指印的多少代表影响程度的大小，指印多代表影响程度大，指印少代表影响程度小。

师：讲解活动规则，组织学生完成活动体验。

生：根据自身实际情况，完成活动体验。

②小组讨论：学生重新审视自己成长经历中的重要事件带来的影响，尝试从多角度进行思考，并进行小组自由讨论，比如，如何看待这些消极影响，或者可以从消极影响中学到什么。如果在讨论过程中，能从这些消极影响中感受到积极的力量，可以用手指蘸取绿色颜料，在原本的红色指印周围印上绿色指印。

师：讲解小组讨论的规则与纪律（认真倾听、不随意打断、尊重他人、不攻击评判他人），组织学生分组自由讨论，维持课堂秩序。

生：按活动规则完成小组讨论。在讨论过程中，可将自己的个人感悟或思考写在画纸的背面。

（三）总结提升

师：提问学生，通过回顾成长历程，对自己有了怎样新的认识和理解？在今后的学习生活当中，可以怎样更好地认识自我、理解自我和接纳自我？

生：根据实际情况分享个人感受，回答问题。

师：对学生的回答进行回应。根据课堂情况，对整节课堂进行回顾及反馈，升华主题。

六、教学建议

　　本节课堂重点在于活动体验，需要学生对自我进行深入的感悟与思考，因此应注重安全课堂氛围的营造，让学生能够敞开心扉、积极分享。教师可考虑以自己的"生命树"为例分享，引导学生绘制并分享他们的"生命树"。在小组分享前，应强调相关的纪律与规则，营造一个安全表达的环境，让学生能够深入探索、发现自我，进而接纳自我。

"我的学习目标定向"
高一年级高效学习主题课程

一、学情分析

目标定向是指个体对从事成就活动的目的或意义的知觉。许多学生在制订目标的时候由于对自身学习成绩的重视，导致倾向于制订成绩目标而忽略了相应的掌握目标，使得所定目标不合理或不具有可操作性而难以达成。无法达成的目标不仅不能激发学生的学习动力，还会使得学生的信心受挫，打击学生的学习热情，因此，如果能正确看待目标，根据自身情况制订合理的目标，许多学习心态上的问题就能迎刃而解。

二、教学目标

①情感目标：觉察自身的目标定向，树立合理的学习目标，培养学习热情。

②认知目标：认识到目标对学习的重要性；了解目标 SMART 原则。

③行为目标：学会根据 SMART 原则建立合理的具有可操作性的目标。

三、教学思路

热身活动 ➡ 目标定向 ➡ SMART原则 ➡ 课堂总结

四、教学准备

材料纸（学习目标定向测试、我的学习目标）。

五、教学过程

（一）热身活动

师：展示一张随机排序的字母表让学生观察 10 秒，收起字母表提问"字母表中有多少个字母 k"。

k	u	g	h	u	f
a	b	e	t	i	o
e	n	k	w	d	c
d	m	r	e	k	l
q	k	c	r	z	i
x	o	p	k	a	p

生：回答问题。

师：提问"字母表中有多少个字母 k"，展示字母表让学生观察 10 秒。

生：回答问题。

师：根据活动实际情况，比较有目的地观察字母表与无目的地观察字母表的区别，强调目标的重要性。

（二）目标定向

1. 我的学习目标定向测试

生：根据自身实际情况，完成测试。

师：组织学生根据测试完成情况进行评分。其中"非常不符合"记 –2 分，"比较不符合"记 –1 分，"难以确定"记 0 分，"比较符合"记 1 分，"非常符合"记 2 分。成绩目标定向的题目序号为 1、4、6、7、10；掌握目标定向的题目序号为 2、3、5、8、9。

生：根据计分规则，计算在两种目标定向上的得分是多少。

2. 掌握目标定向与成绩目标定向

师：目标定向定义了人们为什么以及如何实现不同的目标。Dweck 提出了两种目标定向，一种是掌握目标定向，即个体关注的是通过学习获得新技能和掌握新情境来发展个人能力；另一种是成绩目标定向，即个体关注的是通过寻求肯定性的评价和避免否定性的评价来展示自己能力的高低。两者的差别在于，前者关注自身能力的发展（掌握知识和提高能力），后者关注自身能力的证实（成绩和名次）。

生：根据掌握目标定向及成绩目标定向的含义，对比两种目标定向的不同，思考并回答它们有何利弊以及对学习心态有什么影响。

师：根据学生回答进行板书，并作总结。

目标定向	优点	缺点
掌握目标定向		
成绩目标定向		

（三）SMART 原则

生：在1分钟内在"我的学习目标"材料纸的"学习目标"一栏写下一个适合自己且合理的学习目标。

师：观察学生写下的学习目标，发现问题。提问学生平时在设定目标与完成目标的过程中遇到的困难，引入目标 SMART 原则。

生：根据实际情况回答问题。

师：设定一个具有可操作性的目标能帮助我们更明确高效地完成学习任务，我们可以用SMART原则来检验目标是否具有可操作性（讲解过程中，注意要结合学生设定目标的实际例子）。

1.S 具体性（Specific）

目标设定要具体清晰准确，具有可操作性的目标需要有具体的做法、准确的数量标准，而不是模棱两可。

2.M 可测量性（Measurable）

目标的设定要有衡量标准，具有可测量性，由于每次考试难易度等均不相同，分数不能作为能力、知识掌握程度等各方面的衡量标准，因此单纯设置分数目标不具有可操作性。（通过具体例子说明）

3.A 可行性（Attainable）

在设立目标时，一定要考虑清楚自己的行动计划，目标在付出努力的情况下是可以实现的，避免设立过高的目标。

4.R 相关性（Relevant）

实现这个目标与其他目标的关联情况，即如果实现了这个目标，对其他目标的达成也有重要帮助，可以促进自己的终极目标或长期目标的实现。

5.T 时限性（Time-bound）

目标制订时必须同时设定开始时间及完成时间，注重目标达成的时限。

生：教师每讲解完一个原则，将自己写下的学习目标对照原则的具体内容，如符合则在"我的学习目标"材料纸对应栏目写下体现该原则的部分，如不符合则对目标进行适当的修改。

师：学生对目标进行调整修改后，请 2 至 3 名学生分享个人学习目标，并根据实际情况给予回应。

生：分享个人学习目标。根据他人分享再次对自己的目标进行判断，是否符合 SMART 原则。

（四）课堂总结

师：引导学生回顾本节课堂内容，包括目标的重要性，掌握目标定向与成绩目标定向，以及目标 SMART 原则。

生：根据教师引导对本节课堂进行回顾。

六、教学建议

本节课需注重理论联系实际，讲练结合。在讲解掌握目标定向及成绩目标定向时，应用实例进行说明，帮助学生理解；在讲解 SMART 原则时，将每一原则与实际目标中可能出现的错误相结合，以举例或故事的形式帮助学生理解，并让学生根据这一原则的具体内容对自身目标进行检查并修改，便于检测是否掌握。

七、教学资源

学习目标定向测试

项目	非常 不符合	比较 不符合	难以 确定	比较 符合	非常 符合
1.我努力学习功课是为了得高分，有好的名次					
2.我很明确地知道自己当前学习的任务是什么					
3.我经常反思自己还有哪些知识点没有掌握					
4.完成别人不会做的习题会让我很有成就感					
5.我为每天都能学到知识和提高能力而感到开心					
6.当我的学习成绩落后于班中其他同学，我会感到很失望					
7.如果考不出好成绩就不能说明我学得好					
8.我努力学习是为了获取更多知识，提升自己的能力					
9.我每天学习的目标是切实完成每天的学习任务，不虚度时光					
10.每天激励我要好好学习的动力是在年级考试中取得进步或名次保持前列					

我的学习目标

学习目标	
S 具体性（Specific）	
M 可测量性（Measurable）	
A 可行性（Attainable）	
R 相关性（Relevant）	
T 时限性（Time-bound）	

"情绪对对碰"
高一年级认识情绪主题课程

一、学情分析

    情绪是指人们在心理活动过程中对客观事物的态度和体验。情绪通常被分为积极情绪（如快乐、喜悦、幸福、自信、轻松等）和消极情绪（如悲伤、恐惧、愤怒、愧疚、焦虑等）。研究表明，每种情绪都有独特的价值，能够传递情绪信号，帮助人们调整认知或行动。高中生的情感细腻而丰富，情绪体验强烈而广泛，对自身情绪的觉察具有一定的片面性，对消极情绪存在排斥心理。认识情绪的价值，可以帮助学生更好地觉察自身的情绪信号，有效管理情绪。

二、教学目标

①情感目标：减少抵触情绪，悦纳自身情绪。
②认知目标：认识情绪的独特价值，思考情绪传递的信号。
③行为目标：根据情绪信号，积极调整自身的认知和行为。

三、教学思路

热身活动 ➡ 情景剧小剧场 ➡ 直面我的情绪

四、教学准备

情绪卡片。

五、教学过程

（一）热身活动

活动规则：每位学生领取四张情绪卡片（积极情绪和消极情绪卡片各两张）。卡片上的情绪将陪伴学生度过一天，学生可通过剪刀石头布的方式进行两两PK，胜利者可以用手中不满意的卡片换取对方手中满意的卡片，计时三分钟。

师：介绍活动规则，组织学生进行课堂活动。

生：根据活动规则参与课堂活动，进行两两PK。

师：提问学生是否满意现在自己持有的卡片？最满意的卡片是什么？

生：回答问题。

师：（总结）在积极情绪和消极情绪的碰撞之间，消极情绪总是被排斥，被舍弃。

（二）情景剧小剧场

情景剧：主人公小康在情绪卡片中选择了"快乐"卡片，舍弃了其他情绪，与哥哥小聪开启了外出游玩的一天，以小组为单位选择其中一个情景进行表演。请学生设想只保留了"快乐"卡片的小康在遇到以下情景时会做出什么，结果是什么？保留了所有情绪卡片的哥哥小聪的哪些情绪卡片会被触发，会做出什么呢？可以适当丰富情节或增添角色。

①在公园游玩，遇到一条毒蛇；

②在公园踢球，误伤了一位小朋友；

③在公园排队，不断有人插队；

④在公园野餐，发现吃下的食物过期了。

师：介绍情景剧。

生：排练并表演。

师：在黑板上记录不同情景中有哪些情绪被触发。

生：回答问题。

⑤情景剧续写：经过一天的相处，小聪发现小康今天的反应非常奇怪，总是乐呵呵的，这种傻乐好几次都让小康陷入困境，请在小组内展开讨论，此时的兄弟俩，会说什么？

生：进行表演。

师：结合学生表演总结，引导学生明白每一种情绪都有其存在的价值，每一种情绪都会传递特定的信号，一味摆脱消极情绪，会错过很多重要的情绪信号。

（三）直面我的情绪

师：请学生回忆这一周感受最深刻的 2 ~ 3 种情绪，思考情绪传递的信号是什么？可以怎么做？

生：在纸上制作出自己的情绪卡片：

我感受到的情绪是什么→情绪信号是什么→我可以怎么做？

完成后进行分享。

师：结合学生的分享，引导学生明白要正确看待情绪，主动觉察情绪，思考各种情绪传递的信号，及时做出调整。

六、教学建议

热身活动环节可提前和学生约定互动式的结束口号；或者利用希沃一体机等电子设备设置倒计时，避免学生在结束后继续 PK，影响课堂秩序和后续环节。学生 PK 后，可询问学生满意和不满意的卡片分别是哪些，结合学生的回答引出积极情绪和消极情绪，以及对待不同情绪的态度。

情景剧表演前，可进行分组讨论，教师可借助巡视的机会了解各小组讨论的剧情走向，掌握情况，如学生不敢主动表演，可以有针对性地鼓励个别小组进行表演，避免出现冷场。在情景剧表演结束后，如有需要，引导学生进行去角色化处理。

直面我的情绪环节，学生也可以记录积极情绪体验的信号，让学生看到积极情绪体验也可以激发我们的动力，给予我们正向反馈和鼓励。不止是消极情绪，积极情绪同样也为我们传递了独特的情绪信号。

七、教学资源

推荐影片：《头脑特工队》。

影片中莱莉的父亲因为工作原因举家搬迁到旧金山，莱莉只得和熟悉的中西部生活说再见。和所有人一致，莱莉也被五种情绪共同支配——快乐、恐惧、愤怒、厌恶和悲伤。这五种情绪居住在莱莉脑海里的控制中心，在那里他们可以通过适当调配来指导莱莉的日常生活。然而搬来旧金山，全新的环境与生活都需要莱莉适应，混乱渐渐在控制中心里滋生。虽然快乐是莱莉最主要也最重要的情绪，尝试着解决纷争，但如何才能更好地适应新城市、新家与新学校还是让情绪们产生了冲突……

影片给我们带来了一些思考：每个人大脑中都会有除了快乐之外很多的负面情绪，悲伤也是我们成长过程中很关键的角色，每一种负面情绪都有意义。接纳负面情绪也是接纳自我。

"生命的力量"
高一年级生命教育主题课程

一、学情分析

青少年是价值观形成的关键期，自我意识飞跃发展，处于"自我同一性"向"同一性混乱"的发展阶段。由于学业忙碌、人际关系复杂、亲子关系不稳定等，容易对人生价值产生疑虑，也倾向于做出过激行为。因此，本节课着重于引导学生了解生命发展的轨迹，明白生命的不易，感受生命的力量，学会用积极的态度应对生命中出现的挫折。

二、教学目标

①情感目标：感受生命的力量感。
②认知目标：了解生命的轨迹，寻找生命的力量，明白生命的不易。
③行为目标：能够用积极的人生态度看待生命中遇到的挫折。

三、教学思路

四、教学准备

视频。

五、教学过程

（一）课堂导入

观看《0～100岁的生命》视频，认识生命，了解生命成长的轨迹。

生：认真看视频，用一个词形容观看视频后的感受。

师：引导学生思考生命的变化带给他们的感慨。

（二）活动互动——生命"列车"

活动规则：

①在课室划分八个区域，即列车的8个车厢，分别代表生命的不同时期，如：生命的诞生，第一次拥有的记忆，上学，上班，工作，结婚，养娃，养老，告别。

②学生根据自己的兴趣，挑选感性兴趣的内容，走到相应的"车厢"。每个车厢最多可容纳人数根据班级人数进行设置。

③每个车厢挑选一个列车长，全班挑选一位总列车长，总列车长即为主持。

④每个车厢的列车员讨论：该"车厢"的特点；观察身边处于该车厢的人曾遇到的问题及他们的处理方法。

⑤总结与分享，挑选优秀的列车长，颁发证书。

师：讲解活动规则，组织学生有序开展活动。

生：认真参与互动。

师：结合学生的分享，引导学生明白人生不同阶段都会遇到不同的问题，同时也拥有解决这些问题的能力。

（三）闯关能量卡

师：引导学生思考高中三年可能遇到的各种各样的问题，为未来三年遇到问题的自己写下能量寄语。

生：根据教师引导写下属于自己的能量寄语。

六、教学建议

生命"列车"环节针对观察力较好的班级可由学生自行观察，针对观察力相对相弱、配合度较低的班级可提前设置好各阶段会遇到的问题，由学生探讨可采取的方法。

七、教学资源

纪录片《人生第一次》。

"我的成长账单"
高一年级其他主题课程

一、学情分析

年度账单是指一个人过去一年在某个产品或领域内的核心数据指标和表现，比如说我们很熟悉的微信、支付宝的年度账单；然而年度心理账单，则是指一个人在过去一年里的心理活动和自我成长。高一学生自我意识明显增强，内心世界活跃，外部表现不明显，可以进行更多向内的探索，帮助其总结过去，展望未来。

二、教学目标

①情感目标：体验到总结所带来的触动，以及自我成长的仪式感。

②认知目标：全面回顾自己这一年的成长，自我总结、展望未来。

③行为目标：掌握总结梳理方法技巧，并运用到生活中。

三、教学思路

播放视频 ➡ 个人成长账单 ➡ 学习账单 ➡ 人际交往账单 ➡ 年度评分

四、教学准备

提前根据学生情况、本学期上课情况设计半结构式问题。

学生准备可翻页便签/纸张若干。

五、教学过程

（一）播放视频：《网易云音乐：我的 2020 年度账单》

师：与学生介绍年度账单的含义，并引导学生抄写课件上的题目以及完成下面填空，下同。

_____ 年注定是载入史册的一年。

这一年我成了 _____（学校）的学生。

进入到 _____（班级）。

值此新旧交替之际，我要进行全面总结。

（二）个人成长账单

这一年我发现自己的变化有 _____、_____。

增加了新的优点：_____、_____、_____。

也还有些地方有待提升，比如：_____、_____。

别人眼中的我是 _____ 的存在。

这一年我情绪波动 _____（大 / 小）。

一般我会用 _____（方法）去调适。

我开始运动 / 继续保持运动习惯，每周运动 _____ 小时。

（三）学习账单

这一年我的学业可谓是 _____（形容词）。

在所有考试中我获得过 _____ 次满意的成绩。

其中我最满意的科目是 _____、_____、_____。

有待提升的科目是 _____、_____。

其中最难的是 _____（科目）。

下一年我决定要 _____（怎么做）。

为了学习我曾熬夜到 _____（时间）。

这一年我还读了 _____ 本课外书。

最想推荐给大家的是 _____（书名）。

（四）人际交往账单

在新学校我认识了 _____、_____、_____。

印象最深刻的是和 _____ 的相遇。

当时，_____（相遇过程）。

这一年我和朋友们出去玩了 _____ 次。

最开心的一次是 _____（活动过程）。

平时我最喜欢找 _____ 老师。

因为 ta_____。

这一年和家人吵了 _____ 次架。

最凶的一次是 _____。

吵架之后我们 _____。

家人为我做过最感动的事情是 _____。

我感到最幸运的一件事情是 _____。

（五）年度评分

师：引导学生在纸上画下框框，设计自己的年度形象，并给自己写一个标题、3 ~ 5 个关键词。

回顾这一年，

0 分代表非常不满意，

10 分代表非常满意，

我的评分是 _____ 分。

下一年，还需继续努力！

六、教学建议

引导学生发掘自身积极资源，并运用到解决生活困难中。

"轻轻拥抱快乐"
高一年级生活与适应主题课程

一、学情分析

轻松愉悦的寒假后，同学们在刚开学的一两周会表现出消极倦怠，不愿上学的情况。因此，为了让学生在假期过后，在记住假期美好瞬间的同时也能够寻找到开学后的快乐，尽快适应学校生活，设计本节课。

二、教学目标

①情感目标：感受开学后拥有的美好，培养积极的心态。

②认知目标：了解自己开学的情绪状态，明白快乐无处不在。

③行为目标：能够关注开学后的生活，寻找学校的小美好，延续假期的快乐。

三、教学思路

四、教学准备

视频、PPT、白纸。

五、教学过程

（一）课堂导入

播放视频《寒假过后的开学第一天，不同学生的表现》。

师：通过视频，引导学生用一个词来描述自己开学后的状态。

生：回答问题。

（二）回忆假期的小美好

师：根据学生的回答，总结学生当前状态。引导学生回忆寒假发生的美好的事。

活动：请回忆寒假期间感觉最有意义（印象深刻）的一件事，以画的形式展现，并以小组的形式进行分享。每个小组挑选一幅画在班级分享它的故事。

生：按规定作画，并分享

师：总结假期是令人期待的，特别是春节的存在，更是让我们的假期变得更加丰富，也让我们有关假期的回忆变得更加美好。

引导学生思考假期后回到学校会有哪些美好的事件可以令大家期待。

（三）寻找开学后的小美好

师：假期有假期的小美好，开学后也会遇到很多的小美好。请同学们制作开学后的"发现美好清单"。引导学生接受已开学的事实，进而引导大家从积极的一面去发现开学后的小美好。

学生：制作清单。

六、教学建议

绘画环节可能会遇到有些同学不太擅长绘画，因此无从下笔的情况。面对个别绘画功底较差的同学，可以多对其进行鼓励，尽量让全体同学能够参与到绘画的活动过程中，若存在较多不愿绘画的同学，可以采取书信的方式开展本环节。

七、教学资源

主观幸福感：是个体依据自我内化的标准对其生活质量做出的整体性判断，具有主观性、整体性、稳定性等特征（Diener，Suh，Lucas，等，1999）。

主观幸福感包括生活满意度、积极情绪和消极情绪三个维度（Diener，Oishi，Lucas，2015），是积极心理学的一种重要的心理品质。

主观幸福感的基本特点：

①主观性：主观幸福感的评定主要依赖个体本人设定的标准，而不是他人或外界的标准，一个人幸福与否只有他自己才能体验，此体验是最真实最准确的，因此幸福感具有很强的主观性。

②整体性：主观幸福感包括生活满意度、积极情感和消极情感三方面，反映的是个体整体的主观判断的生活质量，是一种综合性的心理指标，故具有整体性、综合性的特性。

③稳定性：主观幸福感一般是指长期的而非短期的情感反应和生活满意度。

参考资料：

①西瓜视频. 寒假过后的开学第一天，不同学生的表现［EB/OL］.［2021-02-26］. https://www.ixigua.com/6933536088761827843?logTag=05b143181e8704454437.

②《心理课设计操作指南理论篇》。

"生涯四度行动方案"
高一年级生涯规划主题课程

一、学情分析

生涯四度理论认为人生的延展方向可以划分为四种：高度、深度、宽度、温度，这也是生涯发展的四个维度。高一学生处于生涯探索的关键时期，大部分学生会面临生涯未决、目标不明的困境，缺乏努力的方向和动力。借助生涯四度理论引导学生思考理想职业体现的维度目标，并探索高中时期的行动方案，可以提高学生的生涯适应力。

二、教学目标

①情感目标：激发实现理想目标的动力。

②认知目标：认识生涯发展的四个维度，思考理想职业的维度目标。

③行为目标：对比理想目标与现实的差距，制订高中阶段不同维度的行动方案。

三、教学思路

生涯幻游　➡　生涯四度蓝图　➡　行动方案

四、教学准备

PPT。

五、教学过程

（一）生涯幻游

师：（指导语）请同学们闭上眼睛，选择一个舒服的姿势，开始今天的生涯幻游。今天，我们获得了一次通向未来的机会，与十年后的自己相遇了。请设想一下：

十年后的你是怎么样的？可能在从事什么职业？

早上，闹钟响了，你睁开眼睛，准备迎接一天的工作，你的心情如何，是以什么样的节奏梳洗打扮，如何到达自己的工作单位？

走进单位，遇到的人都有哪些，他们都如何与你打招呼，单位的环境如何，今天的工作安排有哪些？

突然，工作上遇到了挑战，你会如何面对这个挑战，和谁共同解决，解决结果是否还满意？

下班时间已到，你的工作完成情况如何？下班之后和谁一起度过，会有哪些活动，整体状态如何？

不知不觉，夜幕降临，躺在床上的你心情如何，对明天又有什么样的期待？

生：参与活动。

师：在生涯幻游中，同学们想象的情境有哪些，想象的职业是什么？

生：思考并回答。

师：在同学们的生涯幻游中分别体现了理想生涯的四个维度：高度、深度、宽度、温度。

（二）生涯四度蓝图

师：介绍生涯四度理论，如下图。

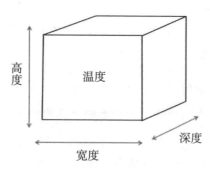

● 高度：地位、荣誉、影响力和群体认同度。

● 宽度：思想、智慧和技能方面达到的卓越程度。

● 深度：平衡生命中的不同角色，帮助他人，获得和谐的关系。

● 温度：对工作、生活的热爱程度和激情。

师：刚刚的生涯幻游中体现出了自己的哪些维度？

生：思考并回答。

师：人的精力是有限的，对不同维度的追求亦不相同，请结合自己的理想职业在生涯维度图上绘制自己的理想蓝图。在不同维度中选择一个点，将四个点连接在一起，如下图。

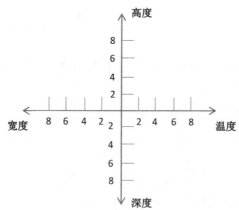

生：绘制图形。

师：请同学联系自身的情况，用不同颜色的笔，绘制现在的四个维度的分布图。

生：绘制图形。

（三）行动方案

师：请同学们比对自己现在的维度分布图与理想蓝图之间是否存在差距。在高中阶段，可以通过哪些方式帮助自己实现理想职业所体现的维度。

维度	差距	行动方案
高度	2	参与社团，竞选社长锻炼自己； 制订学习目标，期末考试考到班级前五名； ……
深度		
宽度		
温度		

生：完成表格并分享。

师：理想职业的实现，离不开对未来的规划和当下的努力，看到理想与现实的差距，可以更有针对性地制订目标和行动方案。愿同学们把握高中时期，积极行动，实现自己的理想。

六、教学建议

行动方案环节，学生分享自身的行动方案后，教师可引导同学共同探讨行动方案的可行性，细化方案，给出补充建议。

七、教学资源

①心理优课《开启生涯探索——生涯四度》。

https://b23.tv/g67b7yE

②《你的生命有什么可能》：

本书作者为生涯规划师古典，全书围绕着生涯三叶草、生涯四度、兴趣和价值观以及能力修炼等八个篇章展开。书中作者以生涯之学和独特的个人体验，融合大量案例，讨论了在职场、生活中的成长理念，启发个人在生涯发展的旅途中寻找并看到更多的可能性。

"扩大我的朋友圈"
高一年级人际交往主题课程

一、学情分析

人际交往是满足学生爱与归属的需要、尊重的需要的重要渠道。高一学生经过上学期的适应有了较为稳定的交际圈，但也出现了"小团体"的现象，只愿意和自己熟悉的人玩。本节课旨在引导学生扩大自己的交友圈，培养积极开放的交友意识，改善班级的人际交往状况，建立良好的班级沟通氛围。

二、教学目标

①情感目标：体验主动交往、扩大朋友圈的乐趣。

②认知目标：认识到自己人际交往的现状，树立积极健康开放的交友意识。

③行为目标：学会主动交往，提高同伴交往能力。

三、教学思路

寻找有缘人 ➡ 我的"内外圈" ➡ 扩大我的朋友圈

四、教学准备

课件、"内外圈"学习单。

五、教学过程

（一）导入活动：寻找有缘人

师：经过上学期的适应，我们班同学都已经进入状态，也有了自己稳定的交际圈。但是老师发现了一个现象：很多同学平时只喜欢和自己熟悉的同学一起玩，对其他同学还是比较陌生的。所以今天这节课就给大家创造机会，希望大家都能保持开放、真诚、不带偏见，去找到或扩大我们在班级的朋友圈。

指导语：待会每个同学会得到一张扑克牌，扑克牌上有 2～9 的数字，花色不同。全部同学拿到专属的扑克牌后在班级内自由走动，寻找与自己花色和数字一样的同学，然后和对方一起寻找三处你们身上的共同点，结束后握手告别回到自己座位，限时 5 分钟。

生：参与活动。

师：在刚才的活动中，你找到的有缘人是你比较熟悉的还是不怎么熟悉的同学？如果是不熟悉的同学你有什么感受？

生：分享感受。

师小结：每个人都是独立的个体，但是也会有很多相似点，根据"人际相似效应"，人们都喜欢和自己相似的人，因为这些相似点能够拉近彼此的距离。同时主动走出去也能够让我们结交更多的朋友，扩大我们的交际圈。

设计意图：通过热身活动，营造良好的课堂氛围，创造机会让学生在短时间内增进熟识度，拉近同伴间的距离。

（二）我的"内外圈"

师：如果想要成为亲密的朋友光有相似点是不够的，还需要更多地表露自己，真诚地放开自己，接下来，我们进入内外圈的环节。请同学们拿出发下去的学习单并认真填写。

内外圈由外到内依次是：

生活中常让你开心但很少对别人说的事。

生活中常让你不开心，但很少对别人说的事。

一个你个人的目标。

用三个词形容你自己。

生：完成"内外圈"纸笔练习后小组讨论分享。

师：当你听到别人的内外圈故事时，你有什么样的感受？

生：分享感受。

师小结：适当的自我暴露、坦率真诚地和对方分享自己的信息能够促进双方了解，帮助我们打破偏见。

设计意图：鼓励学生打破人际防御界限，提升人际交往能力，同时通过适当的自我暴露拉近心理距离。

（三）扩大我的朋友圈

师：在刚才的分享中，相信大家对一些原本不怎么熟悉的同学有了新的认识，接下来我们进入最后环节——结交新朋友。

指导语：请同学们拿着自己的内外圈学习单在班级自由走动，寻找一名你想进一步了解和交往的"新"朋友，可以是你平时不敢说话但是你欣赏的同学，并与 ta 进行交换。

学生活动分享感受。

师总结：通过今天这节课不知道大家有没有发现，其实班上有很多同学都有可能成为我们的朋友。希望在课余时间，同学们也能勇敢地走出第一步，主动结交新朋友，扩大我们的朋友圈。

六、教学建议

①在"寻找有缘人"环节，让学生发现和对方的三处相似点，有些学生会浅显地说一些外在的相似，如性别、头发长度、是否戴眼镜等，可以适当引导学生寻找如兴趣爱好、习惯等较深层次的相似点，更容易拉近心理距离，促进交流，达成教学目标。

②在"内外圈"分享环节，有些学生羞于表达自己，教师可以适当地自我暴露，营造安全的课堂氛围。同时在学生讨论环节，和学生进行互动，鼓励学生打破人际防御界限。

参考资料：

①谭松林.我的朋友圈——初中生同伴关系心理辅导课〔J〕.中小学心理健康教育，2023（01）：40-42.

②郑雪钦."魔力"扑克牌——小学生人际交往活动设计〔J〕.中小学心理健康教育，2019（03）：52-53.

"我的学习发动机"
高二学习适应主题课程

一、学情分析

　　高二是高中阶段的"断层"时期，学生在学习上两极分化日益明显，偏科现象严重；孤独感和焦虑感较强，容易感到茫然，一旦受到挫折，特别是考试中受到打击，就会自我怀疑，产生焦虑，久而久之，容易引发心理问题。但从思维品质上看，高二学生正处于由"经验型"向"理论型"过渡时期，抽象思维能力得到进一步的发展，已有独立思考的意识，可以通过正确引导学生看待高二学习出现的变化，引导发学生独立思考解决方法。

二、教学目标

　　①情感目标：感受到学习动机对自己目前学习状态的影响。
　　②认知目标：认识到目前自己学习状态存在的问题。
　　③行为目标：学会解决目前自己学习状态存在的问题。

三、教学思路

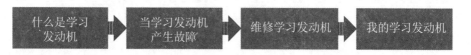

什么是学习发动机 ➡ 当学习发动机产生故障 ➡ 维修学习发动机 ➡ 我的学习发动机

四、教学准备

　　小组讨论学习单、个人学习单。

五、教学过程

（一）什么是"学习发动机"

师：抛出发动机的概念和日常使用用途，提问学生，什么是学习发动机？

生：回答问题。

师：对学习发动机下定义。学习动机是指激发个体进行学习活动，维持正在进行的学习活动，并使行为符合一定学习目标的一种心理倾向或内部动力。

（二）当"学习发动机"产生故障

师：教师提问，如果学习发动机产生故障，是什么原因导致的？

生：小组讨论分析原因，并汇报小组讨论成果。

师：带领学生一同整理、分类原因。根据学习动机种类进行分类，并结合韦纳归因理论进行分析，为下一环节进行铺垫。

（三）维修"学习发动机"

生：针对可能导致学习发动机故障的原因进行"维修"，小组讨论出"维修方案"，小组汇报。

师：带领学生一同整合"维修方案"。

（四）我的"学习发动机"

师：布置学生完成个人学习单"我的学习发动机"。

生：学生分享。

师：教师小结。

六、教学建议

可以根据学情，指定"故障原因"进行"维修方案"的制订；环节四可作为课后任务布置。

七、教学资源

1. 学习动机

学习动机是激发个体进行学习活动，维持正在进行的学习活动，并使行为符合一定学习目标的一种心理倾向或内部动力。按学习动机产生的诱因来源可分为内部学习动机和外部学习动机；按学习动机的社会意义，可分为高尚的学习动机和低级的学习动机；按学习动机起作用时间的长短，可分为近景的直接性学习动机和远景的间接性学习动机。

2. 韦纳归因理论

韦纳等人对行为成败原因的分析可归纳为以下六个原因：能力，根据自己评估个人对该项工作是否胜任；努力，个人反省检讨在工作过程中是否尽力而为；工作难度，凭个人经验判定该项工作的困难程度；运气，个人自认为此次成败是否与运气有关；身心状况，工作过程中个人当时身体及心情状况是否影响工作成效；其他，个人自觉此次成败因素中，除上述五项外，尚有何其他事关人与事的影响因素（如别人帮助或评分不公等）。以上六项因素作为一般人对成败归因的解释或类别，韦纳按各因素的性质，分别纳入以下三个向度之内：

①因素来源：指当事人自认影响其成败因素的来源，是来自个人条件（内控），抑或来自外在环境（外控）。在此向度上，能力、努力及身心状况三项属于内控，其他各项则属于外控。

②稳定性：指当事人自认影响其成败的因素，在性质上是否稳定，是否在类似情境下具有一致性。在此向度上，六因素中能力与工作难度两项是不随情境改变的是比较稳定的，其他各项则均为不稳定者。

③能控制性：指当事人自认影响其成败的因素，在性质上由个人意愿所决定。在此一向度上，六因素中只有努力一项是可以凭个人意愿控制的，其他各项均非个人所能控制。

韦纳等人认为，我们对成功和失败的解释会对以后的行为产生重大影响。如果把考试失败归因为缺乏能力，那么以后的考试还会期望失败；如果把考试失败归因为运气不佳，那么以后的考试就不大可能期望失败。这两种不同的归因会对生活产生重大的影响。

3. 学习单

我的学习发动机：

"故障"原因分析：

"维修"方案：

"笑待挫折"
高二年级生活与适应主题课程

一、学情分析

高二学生在学业上容易感到茫然，遇到打击容易受挫并产生自我怀疑，面对挫折或归结于自身无能，或归结于外部原因，这些归因风格不利于学生走出困境，容易导致习得性无助，对自身发展产生不利影响。

二、教学目标

①情感目标：正确认识挫折，体验合理归因与互助的正向情感。
②认知目标：辩证看待挫折，了解挫折对于成长的价值。
③行为目标：掌握分析挫折的方法，提高应对能力。

三、教学思路

播放视频 → 认识挫折 → 分析挫折 → 战胜挫折

四、教学准备

课前调查：学生最近遇到哪些挫折？有没有无法应对的挫折？
学生自备笔记本或稿纸进行纸笔练习。

五、教学过程

（一）播放视频：《叫我第一名》片段

师：邀请学生观看视频，并思考患有妥瑞氏综合征的 Brad 在实现做教师的梦想过程中遇到了哪些挫折。

（病症影响、情绪、陌生人不理解、面试官介意……）

（二）认识挫折

	可以改变	不可改变
内部（自己）		
外部（他人）		

师：根据归因理论，请学生对挫折进行分类，源于自己／他人，可以／不可以改善，小组讨论后分享。

（三）分析挫折

师：面对不同挫折我们可以用怎样的处理办法？假如你是主人公 Brad，遇到视频中的场景你会有什么感受？遇到这些问题你会用什么方式应对？

生：讨论并分享。

	可以改变	不可改变
内部（自己）	增强意志力，调整自己	接纳自己、乐观对待
外部（他人）	提升自己	寻找外在资源

（四）战胜挫折

师：播放《叫我第一名》主角演讲片段，邀请学生思考挫折对于主角而言有哪些意义；对于挫折我们要有什么态度。

生：思考、讨论与分享。

师：邀请学生在纸上写下自己最近遇到的挫折，判断属于四宫格中哪种情况，并试试阐述自己的感受以及它对自己的意义。

六、教学建议

人生不是一定要遭遇挫折，但是经历挫折的当下，会让个体的生命更丰富、完整，在引导过程中避免过于强调挫折的积极作用，尽可能客观地引导学生辩证思考挫折。

"友情修复师"
高二年级人际交往主题课程

一、学情分析

非暴力沟通是马歇尔·卢森堡博士提出的一种沟通方式，观察、感受、需求和请求是非暴力沟通的四个要素。高二学生往往追求高质量的友谊，渴望被理解却不主动表达内心的需求，缺乏沟通技巧。介绍非暴力沟通方式可以帮助学生掌握沟通技巧，避免或化解友谊中的人际冲突。

二、教学目标

①情感目标：感受化解友谊中人际冲突的成就感。
②认知目标：认识非暴力沟通的技巧。
③行为目标：运用非暴力沟通技巧化解人际冲突。

三、教学思路

游戏观察室　　游戏放映室　　游戏修复区

四、教学准备

视频、音频。

五、教学过程

（一）游戏观察室

活动规则："友情修复师"是一款大型交友体验成长类游戏。参与者可以在游戏中创建角色，合作闯关，获取通关奖励，提升友情修复技巧；在游戏中体验不同的角色，运用技巧修复人际交往中的常见问题。游戏中有四个玩家身份，两男两女，参与者可以根据喜好进行选择，建立玩家身份。当所有同学均建立玩家身份后，所有玩家闭上眼睛，趴在桌子上，教师随机选择十位玩家接受隐藏任务，其中五位隐藏者需做出指定的动作，如摸头发、咳嗽；另外五位隐藏者需用动作表现出指定的感受，如：感觉备受鼓舞、感觉坐立不安。所有玩家睁眼之后，隐藏者需要在隐藏身份的前提下完成任务，其余玩家需找出隐藏者。找到隐藏者的关键在于"观察"，难以用动作表演的感受，对任务的完成也造成了一定的难度。通关成功，获得通关奖励"观察"和"表达感受"。

师：讲解活动规则，创设活动情境，组织学生开展活动。

生：参与活动并回答。

（二）游戏放映室

师：播放电影《哪吒之魔童降世》片段，哪吒向太乙真人学艺后，想要证明自己，为百姓斩妖除魔，却在除妖时再次受到百姓的误解。听到百姓的谩骂声，愤怒的哪吒大打出手，与百姓的关系再度恶化。

生：观看视频。

师：提问学生一直受到误解和排斥的哪吒为什么愿意斩妖除魔，保护百姓？百姓和哪吒在沟通方面出现了什么问题？

生：思考并回答。

师：（总结）哪吒希望百姓可以接纳自己，向百姓证明自己，在自身需求的驱动下，开始斩妖除魔。哪吒和百姓的沟通方式为暴力沟通，不了解客观事实，随意评论，不愿表达自身需要。本次闯关成功，观看通关奖励视频。

师：播放非暴力沟通视频。

生：观看视频。

师：描述观察并非评论，说出内心的真实感受，正视并表达需求，提出自身的请求，掌握非暴力沟通的四个要素，提升友情修复技巧。

（三）游戏修复区

师：玩家代入情境，体验角色面临的问题，运用非暴力沟通的四个要素，修复友谊中的不同问题。（以下情境以音频的形式播放）

情境一：舍友A是个大大咧咧的女生，值日时总是忘记倒垃圾，宿舍屡屡扣分，舍友们对此感到不满，渐渐也不愿意和A一起玩，舍友A对此感到委屈和茫然。每次A想参与大家的话题时，大家都回避或沉默，宿舍氛围也不如以往和谐了，作为宿舍长的我想要挽回宿舍的和谐氛围。

情境二：我和BC是好朋友，分班之后就默契地玩在了一起，每天一起吃饭，一起活动，一起学习。最近因为BC参加了班级朗诵表演，晚修总是一起排练，一起回宿舍，一起讨论表演细节，有好几次她们都把我忘了，我在课室等了好久才发现她们俩已经回宿舍了，我想要参与她们的话题，却不知道如何参与。看着她们有说有笑的样子，我突然觉得自己很多余，好怀念我们三人一起玩的快乐时光。

情境三：男生之间的友情不像女生，把所有的关心和亲密表现出来，互损和调侃才是男生相处的常态，我身边的朋友也是如此。但是朋友D却总是把握不好调侃的界限，让我感到很不舒服。虽然我知道D并没有恶意，但每次听到还是觉得难受。如果因为这种事情和D生气，又显得我过于敏感和小气。或许是因为纠结太多，最近和D相处也变得格外别扭。

生：参与活动。

师：（总结）玩家闯关成功，掌握非暴力沟通的技巧，总结游戏攻略，可以更好地进行人际交往。

六、教学建议

游戏观察室环节：教师创设情境，玩家通过闯关获取非暴力沟通的四个关键词，运用非暴力沟通技巧解决人际冲突。完成隐藏任务后，可以分别邀请普通玩家和隐藏者分享感受，引导学生说出关键词——观察和表达感受。

游戏放映室环节：该环节主要是引导学生结合电影片段总结出关键词——表达需求，同时看到沟通中的暴力方式。

游戏修复区环节：情境可以根据情况进行修改，但是要分别呈现男生和女生在友谊中的人际交往冲突。情境的呈现可以提前录制音频，营造"游戏"的氛围感，增强学生的体验感。

七、教学资源

①非暴力沟通视频讲解：https://b23.tv/T2z9Lbw。

②推荐影片：《哪吒之魔童降世》。天地灵气孕育出一颗能量巨大的混元珠，元始天尊将混元珠提炼成灵珠和魔丸，灵珠投胎为人，助周伐纣时可堪大用；而魔丸则会诞出魔王，为祸人间。元始天尊启动了天劫咒语，三年后天雷将会降临，摧毁魔丸。太乙受命将灵珠托生于陈塘关李靖家的儿子哪吒身上。然而阴差阳错，灵珠和魔丸竟然被调包。本应是灵珠英雄的哪吒却成了混世大魔王。调皮捣蛋顽劣不堪的哪吒却徒有一颗做英雄的心。然而面对众人对魔丸的误解和即将来临的天雷，哪吒开始了对命运的抗争。

③推荐书籍：《非暴力沟通》。马歇尔·卢森堡博士的《非暴力沟通》就是一本能帮助我们提高沟通能力的书，他发现了一种沟通方式，依照它来谈话和聆听，能使人们情意相通，和谐相处，这就是"非暴力沟通"。

暴力沟通和非暴力沟通的区别在于，暴力沟通的人把所有责任都推给对方，而非暴力沟通是愿意探索彼此内心的需求。非暴力沟通的四个要素分别是：描述观察并非评论，说出内心的真实感受，正视并表达需求，提出自身的请求。

"我的成长之路"
高二年级自我认识主题课程

一、学情分析

习得性无助是指个体接连不断地受到挫折，在情感、认知和行为上表现出消极的特殊的心理状态。高中生的自我意识空前高涨，他们会更加关注自我，关注他人对自己的评价，关注自己在他人眼中的形象。由于他们处于自我同一性混乱期，容易因生活中的挫折、他人主观片面的评价和自己错误的认知及归因，陷入消极的心理状态中。引导学生学会全面地看待自己的优缺点，进行积极的自我评价，有助于学生树立自尊，学会接纳自我，进而寻求自我发展与成长。

二、教学目标

①情感目标：学会正确地认识自我，认识到个体是在不断地成长变化的，树立积极发展的信念。

②认知目标：理解习得性无助的概念、产生原因。

③行为目标：学会正确、全面、客观地评价自我，学会合理看待和接受他人的评价，学会以积极的方法应对习得性无助。

三、教学思路

课堂导入 → 习得性无助 → 积极评价 → 总结提升

四、教学准备

视频、音频（击鼓传花背景音乐《我相信》）、纸花、材料纸（成长中的我）。

五、教学过程

（一）课堂导入

1.热身游戏《击鼓传花》

游戏规则：全体学生按顺序传递纸花，教师背对着学生播放音乐。音乐开始则开始依次传递纸花，直到音乐停止为止。此时纸花在谁手中，则该生需要快速地以"我是一个……的人"这一句式造三个句子。如果花偶然在两个人手中，则二人通过猜拳的方式决定花的归属。

师：讲解活动规则，组织全体同学进行热身活动，根据实际情况决定游戏进行的次数。关注学生的自我评价，根据实际情况给予恰当回忆。

生：进行热身活动。音乐停时拿花的学生根据自身情况进行造句。

2.我眼中的我

生：根据自身实际情况，将自己的优点与缺点填写在材料纸的第一栏，将优缺点对自己的影响写在第二栏中。

师：根据活动情况进行总结，引入课堂主题。

（二）习得性无助

1.什么是习得性无助

师：心理学家马丁·塞利格曼曾做过一个电击狗的实验研究。实验分A、B两组，A组的狗对接受的电击无法控制、无法预测（实验人员随机、无规律地实施电击），B组狗在一定程度上有控制权（如对狗进行有规律的电击或给狗设置逃脱的条件躲避电击）。之后，狗被放置于一个笼子里，中间由一道低矮的障碍物隔开，笼子的一边通电，另一边不通电，只要跳过中间障碍物就可以免受电击。当研究者打开电闸时，有意思的情景出现了：A组的狗（实验中无规律电击并无处可逃的狗）根本不尝试跨过障碍物到安全的另一边去。

通电

不通电

1975 年塞利格曼用人当受试者。实验是在大学生身上进行的，他们把学生分为三组：让第一组学生听一种噪音，这组学生无论如何也不能使噪音停止。第二组学生也听这种噪音，不过他们通过努力可以使噪音停止。第三组是对照，不给受试者听噪音。当受试者在各自的条件下进行一段时间实验之后，即令受试者进行另外一种实验：实验装置是一只"手指穿梭箱"，当受试者把手指放在穿梭箱的一侧时，就会听到一种强烈的噪音，放在另一侧时，就听不到这种噪音。实验结果表明，在原来的实验中，能通过努力使噪音停止的受试者，以及未听噪音的对照组受试者，他们在"穿梭箱"的实验中，学会了把手指移到箱子的另一边，使噪音停止，而第一组受试者，也就是说在原来的实验中无论怎样努力，都不能使噪音停止的受试者，他们的手指仍然停留在原处，听任刺耳的噪音响下去，却不把手指移到箱子的另一边。

师：提问学生，通过以上实验可以获得哪些启示？生活中有哪些例子与上述实验相类似？

生：思考并回答问题。

师：塞利格曼将上述实验中的状态称为习得性无助。习得性无助是指人或动物接连不断地受到挫折，在情感、认知和行为上表现出消极的特殊的心理状态。

2.习得性无助产生的原因

师：提问学生习得性无助这一心理状态出现的原因有哪些？

生：联系生活实际，自由发言回答问题。

师：对学生回答进行回应及总结。

①生活不良状态的长期沉淀；

②不恰当的评价方式；

③不正确的归因方式。

（三）积极评价

活动规则：学生通过个人思考与小组讨论的方式，尝试对自己的缺点或劣势进行积极评价，或者思考改进的方向与方法，以"虽然我……（缺点或劣势），但是我……（积极评价或改进方向）"的句式，写在材料纸的第三栏中。例如："虽然我比较敏感，但是我能很快觉察到他人的情绪变化，从而做出回应。""虽然我作文分数不高，但是我能通过读书积累素材，练习写随笔提高我的写作水平。"

师：生活中的挫折与困难、不恰当的评价方式、片面主观的自我认知都可能使人变得自卑，不敢尝试挑战自我。找到积极正确的方法应对困境，摆脱习得性无助的状态，有助于个体的成长与发展。

师：讲解活动规则，强调纪律要求，组织学生分小组进行讨论完成活动体验，维持课堂秩序。

生：根据活动规则及纪律要求进行个人思考与小组讨论，填写材料纸。

师：学生完成填写后，根据自愿原则请学生分享自己填写的内容，做出回应并总结。

生：按个人意愿分享填写内容，对比他人的分享进行思考，按个人需要对材料纸中填写的内容进行补充。

高二年级

217

（四）总结提升

师：播放视频《overcomer》，根据视频内容，结合课堂主题以提问的方式引导学生回顾本节课的内容。

生：观看视频，通过回答问题回顾课堂内容。

师：播放音乐《我相信》，指导学生用笔将所有"虽然我……但是我……"句式中从"虽然"到"但是"的部分划掉，例如将"虽然我作文分数不高，但是我能通过读书积累素材，练习写随笔提高我的写作水平。"中"虽然我作文分数不高，但是"部分划掉，仅留下"我能通过读书积累素材，练习写随笔提高我的写作水平"。

生：在《我相信》的背景音乐声中，用笔将所有"虽然我……但是我……"句式中从"虽然"到"但是"的部分划掉，并大声朗读句式中剩下的部分。

六、教学建议

教师在讲解"习得性无助"时，注意引导学生通过生活中的实例来理解其含义，让学生学会觉察这一心理状态。在进行积极评价的过程中，教师可以通过列举实例、组织小组讨论等方式启发学生，避免直接给予学生建议。在小组讨论的过程中，应注意营造安全的课堂氛围。

七、教学资源

1. 材料纸

成长中的我：

我的优点	我的缺点

2. 视频：《overcomer》

https://www.bilibili.com/video/BV1SW411Q7Mg?spm_id_from=333.337.
search-card.all.clic

"时间都去哪了"
高二年级高效学习主题课程

一、学情分析

时间管理是指通过事先规划并运用一定的技巧、方法与工具实现对时间的灵活以及有效运用，从而实现个人或组织的既定目标。高二年级的学生功课繁重，在制订了目标及学习计划后，可能还会出现时间不够用的情况。掌握高效利用、管理时间的方法，能够使学习更具有计划性和持续性，避免在缺乏他人监督的情况下松懈。

二、教学目标

①情感目标：树立珍惜时间的意识，提高时间管理的信心，增强控制感。

②认知目标：了解时间管理的相关知识，认识到时间管理的重要性。

③行为目标：掌握时间四象限、番茄工作法等合理安排时间的方法。

三、教学思路

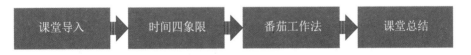

课堂导入　▶　时间四象限　▶　番茄工作法　▶　课堂总结

四、教学准备

材料纸（24小时饼状图、时间四象限、待办事项清单、今日待办表）。

五、教学过程

（一）课堂导入

1. 感受 1 分钟

活动规则：教师使用多媒体在屏幕进行计时。全体学生起立，闭上眼睛，按自己的感受在心中默默计时 1 分钟，当感觉 1 分钟到时，可以睁开眼睛，记下此时的真实时长，轻轻地坐下。在整个过程中注意保持安静，直到全体同学都坐下为止。

师：讲解活动规则。

生：按照规则进行活动。

师：提问学生在活动过程中的感受。

生：分享个人感受。

2. 时间管理自测

师：请学生回顾近期的学习及生活，根据自己的实际情况，画出自己的 24 小时饼状图，项目包括睡眠时间、上课时间、写作业时间、日常事务时间（吃饭、洗漱）以及自主安排时间。

生：完成 24 小时饼状图。

师：提问学生，目前一天 24 小时的时间分配是否处于自己的理想状态？如果不是，理想与现实间存在什么差异？

生：思考并回答问题。

师：通过组织学生进行时间管理自测，引导学生进一步觉察目前自己的时间管理情况。

生：对照时间管理自测中提及的情况进行自我觉察，同时思考自己是否有其他的困扰。

师：以小明的 24 小时饼状图为例，如下图，展示有自主安排的时间的可能性，强调时间管理的重要性。

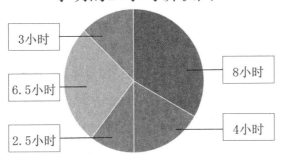

小明的24小时饼状图

■睡觉 ■写作业 ■日常事务 ■上课 ■自主安排

（二）时间四象限

师：时间四象限是指把工作按照重要和紧急两个不同的程度进行时间划分的一种方法。通常可以将待完成事项根据重要/不重要、紧急/不紧急分为四个象限。其中，重要/不重要维度是与个人目标相关的，与目标达成相关度大的就是重要的，与目标达成相关度小的就是不重要，紧急与不紧急维度是与当下时间相关联的。在有限的时间内，对于重要和紧急的事情应该立即去做；而对于重要不紧急的事情，应该是有计划地去做；对于紧急不重要的事情可以有选择地做或找人代做；如果时间不够，对不重要不紧急的事情，可以不做。对待办事项进行分类，并采取相应的处理办法，有助于更好地完成活动及任务。

高二年级

221

时间四象限

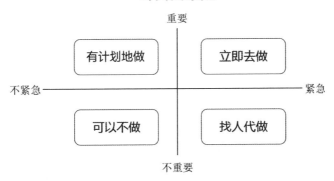

（三）番茄工作法

1. 什么是番茄工作法

师：番茄工作法是弗朗西斯科·西里洛于1992年从一个长得像番茄的厨房计时器获得的灵感，随后创立的一种简单易行的时间管理方法，即工作25分钟（算作一个番茄时间），休息5分钟。每4个番茄时间后休息时间增加为15分钟，以此循环合适的工作周期。

师：番茄工作法之所以被认为是高效工作法，主要是因为它有以下几个优点：

①将大任务分解成一个个能在25分钟内完成的小任务，化整为零，减轻了人们面对大任务时的压力感。

②强调执行单一任务，避免多任务带来的分心。

③把时间设置成了25分钟，考虑到了人们高度注意力集中的时间长度，劳逸结合，让工作更有节奏感。

④番茄计时器一旦开始工作就必须全身心投入，不做与工作无关的事情，这样就避免了分心。

⑤把重要的事情转化为可视化，提升了自我价值感。再配合适当的自我激励使用，可以大大提升自主学习的信心和成就感。

2. 番茄工作法的操作流程

师：番茄工作法的准备材料有一个番茄钟（计时器）、笔、待办事项清单、今日待办表。待办事项清单类似一个短期计划表，包括待完成的任务项目以及备注（任务完成的时间点和相关要求）；今日待办表则是每天的具体工作安排表，包括当日的工作任务、任务完成的时间段，预估番茄时间的数量以及反馈情况（是否完成、完成质量如何、是否有中断等）。

师：组织学生根据以上说明填写待办事项清单。注意提醒学生填写表格时要言简意赅，每行只写一个活动。在学生填写过程中，需要关注学生的填写情况，指导学生正确填写。

生：根据自身实际情况，尝试填写待办事项清单，并将任务清单按重要紧急程度进行分类，填写在时间四象限坐标轴中。

师：番茄工作者的一天具有以下 5 个阶段。

计划：在一天的开始，从待办事项清单中提取最重要的活动，填写在今日待办表中。注意这意味着承诺，要量力而行。预测每个活动需要的时间，不足一个番茄钟的可合并完成，超过的可以进行拆分，按照紧急重要程度做好排序，一天一张。

跟踪：确定当天活动后，扭启 25 分钟的番茄钟，从第一项活动开始进行。在每个 25 分钟的时间段（称为一个番茄钟）内，需要收集一些过程指标，比如计算中断次数。

记录：在今日待办表中做好记录，完成的打勾，中断的注明原因。

处理：一天结束后，从所记录的原始数据中提取有用信息。例如计算在每个 25 分钟的时间段，平均遇到几次中断；根据记录分析哪些是有用的番茄钟，哪些是浪费的番茄钟，帮助自己提高效率。

可视化：最终要将信息以某种方式组织起来，从中找出改进流程的思路，看到自己的成长和进步。如果想获得最适合现实情况的工作习惯，在自我调整的过程中，基本上每天都要做这样的回顾。

在每天开始时进行计划，每天结束时进行记录、处理和可视化，在两者之间进行对 25 分钟周期循环的跟踪。

生：学习番茄工作法的具体操作流程。针对番茄工作法的操作流程，分小组讨论在每一步骤需要注意的关键点，以及在实际学习生活中如何应用番茄工作法做好时间管理。讨论结束后，小组派代表发言，汇报讨论结果。

师：根据学生发言给予回应，并进行小结。

（四）课堂总结

师：引导学生回顾本节课堂内容，包括时间管理的重要性、时间四象限、番茄工作法。

生：根据教师引导对本节课堂进行回顾及反馈。

六、教学建议

本节课讲解的知识点内容较多，讲解完后注意组织学生练习，增加学生的课堂参与感，同时加深学生对于理论知识的掌握与应用，并关注学生课后在实际生活中对知识点的实践及应用情况。

七、教学资源

材料纸一：

24小时饼状图

材料纸二：

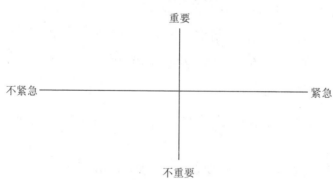

时间四象限

材料纸三：

待办事项清单

序号	任务清单	备注（时间点，要求等）
1		
2		
3		
4		
5		

材料纸四：

今日待办表

工作任务	时间	预估番茄钟数量	反馈

"开启我的快乐按钮"
高二年级情绪调适主题课程

一、学情分析

积极心理学之父马丁·赛利格曼在《持续的幸福》中提出：三件好事练习和感恩拜访可以显著提升人们的幸福感，培养积极情绪。三件好事是指每天记录发生在自己身上的三件好事及其原因，感恩拜访是指回忆感恩事件并表达自己的感恩之情。高二学生的情感细腻而丰富，比以往更为关注自身的情绪体验和变化，会主动探索情绪调适的方法。引导学生总结自身的情绪调节方式，介绍三件好事练习和感恩拜访练习，可以帮助学生掌握培养积极情绪的方法。

二、教学目标

①情感目标：感受关注自身积极事件带来的积极情绪体验。
②认知目标：认识三件好事练习和感恩练习的方法和原理。
③行为目标：运用三件好事练习和感恩练习培养积极情绪。

三、教学思路

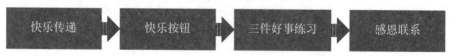

快乐传递 ▶ 快乐按钮 ▶ 三件好事练习 ▶ 感恩联系

四、教学准备

视频、糖果。

五、教学过程

（一）快乐传递

师：以"击鼓传花"的形式传递糖果，被选中的同学分享近期的快乐事件，其余同学听完感受到快乐，则以掌声回应分享者；分享者分享后留下糖果，进行下一轮传递，进行四到五轮。

生：参与活动。

师：（总结）快乐的事件虽然不尽相同，但快乐的体验和感受可以引起共鸣，快乐事件的分享其实也是传递快乐的一种方式。

（二）快乐按钮

师：快乐的事件有偶然发生的惊喜，也有精心制造的快乐，这些精心制造的行为就像一个神奇的按钮，开启了快乐的体验，请在小组内进行分享，有哪些行为可以给你带来快乐？如：听音乐、打篮球……

生：进行分享。

师：（总结）发现快乐的按钮，主动尝试，积极开启，可以带来更多积极的情绪体验。

（三）三件好事练习

师：积极心理学家之父马丁·赛利格曼曾提出每天记录生活中的三件好事，可以帮助人们发现快乐，提升幸福感的持久度。每天记录发生在自己身上的"三件好事"及其原因，"好事"指的是带来快乐、自豪、放松、感恩等积极情绪体验的事件，对原因的归纳可以帮助人们看到自身的独特性和力量感。

生：进行练习并分享。

师：结合学生分享，引导学生明白三件好事练习重点在于：去记录，好事不分大小，写下原因。坚持记录，开启快乐新按钮。

（四）感恩练习

师：积极心理学家之父马丁·赛利格曼还提出感恩练习可以提升幸福感，感恩练习是指回忆生活中的感恩事件，并及时向对方表达自己的感恩之情，请回忆最近发生的感恩事件，并给感恩对象写一封感谢信。

生：进行练习并分享。

师：结合学生分享，引导学生明白回忆感恩事件可以唤起积极的情绪体验，表达感恩可以搭建社会支持系统，促进人际的积极情绪体验。关注感恩事件，表达感恩，开启快乐的新按钮。

师：快乐按钮并不单一，需要主动发现，积极调适，保持记录，表达感恩，开启自己的快乐按钮，培养持续的幸福感！

六、教学建议

快乐传递环节：击鼓传花时如使用糖果，可提醒学生课后再吃，维持课堂秩序；也可以根据实际情况替换物品。学生进行分享之后，教师可以适当延伸，让更多同学产生共鸣感并做出回应。

快乐按钮环节：本节课虽然重点在于介绍三件好事练习和感恩练习，但是学生自身常用的情绪调节方式也值得关注，因此要多鼓励学生进行分享和总结。

三件好事练习环节：三件好事练习除了在课堂上练习，还可以作为课后作业，进行三件好事打卡，定期在班上进行分享。

感恩练习环节：若学生的感恩对象有班级同学，可以鼓励学生在课堂上进行分享，表达感恩之情，同时鼓励被感恩者做出回应，促进双方的人际积极情绪体验。

七、教学资源

推荐书籍：《持续的幸福》。

"我的能量瓶"
高二年级生命教育主题课程

一、学情分析

经过一年的学习，高二学生之间出现明显的分层现象。对于优生而言，积极心理得到了进一步的发展，对中等水平的学生以及屡遭挫折的学生来说，他们学习热度不高，对学习和生活都充满了自卑感，甚至害怕等心态已渐渐固化。学习成绩暴跌，自信心不断被冲击，造成恶性循环。

本次课程设计采用国际抗逆力研究计划 IRRP（The International Resilience Research Project），通过"我有"（I have）"我是"（I am）和"我能"（I can）的策略（简称"3I"策略）来提高学生的抗逆力。其中，将重点放于"3I"策略中的"I can"，以现实生活中的策划案为落脚点，让学生清楚自己解决问题的能力，感受自我的力量。

二、教学目标

①情感目标：共同探讨策划案，感受个人在团队中的作用，提高自信，获得满足感，聚集生命能量。

②认知目标：认识生命的宝贵，树立积极的生命观。

③行为目标：掌握"3I"策略，能够在生活中从内部信念、外部资源和解决问题的能力三方面进行自我赋能，提高心理弹力。

三、教学思路

四、教学准备

多媒体课件，教学视频，素材故事，卡纸，磁吸，骰子。

五、教学过程

（一）课堂导入——丢骰子

活动规则：选择一个同学到讲台上进行丢骰子活动，学生对可能丢到的数字进行猜测，三次后学生思考能够100%猜对的可能性，以及为什么100%猜对的概率较低。

师：讲解活动规则，组织学生开展活动。引导学生思考，生命中会发生哪些不确定的因素。

生：思考及回答。

（二）课程探究

1. 播放抗疫视频

师：通过引导学生思考为什么白衣天使这么辛苦、这么累，还坚守在抗疫一线，让学生探讨生命的价值。

生：认真观看视频并思考。

2. 活动探讨：我的"能量瓶"

活动规则：学生从"3I"策略的"I am""I have""I can"三个角度感受自我的力量，收集生命能量。第一环节小组讨论"I can"，其后在教师发下去的纸上对"I can"部分6个能量瓶进行填充，完成填充后进行小组分享；第二环节小组讨论"I have"，然后在教师发下去的纸上对"I have"部分6个能量瓶进行填充，完成填充后进行小组分享；第三环节小组讨论"I am"，然后在教师发下去的纸上对"I am"部分6个能量瓶进行填充，完成填充后进行小组分享。

① "I am"（我是）：身上具备的积极心理品质，如勇气、善良等；

② "I have"（我有）：从家庭、学校及社会中获取的心理安全感，可以从人脉、能力等方面去考虑，如他人的鼓励及认可等；

③"I can"（我能）：人际技巧和解决问题能力，如创造力、恒心、幽默、沟通能力等。

3.学生思考"I want"（我想）：当拥有那些（I am，I have）资源后，在当下你想做些什么？

师：根据学生对"I want"环节的思考，挑选学生想做的看起来很难但又可实施的一件事情，请全班同学出谋划策如何更好地去完成该事情，引导学生思考在策划案中自己可以承担的工作有哪些，可承担的工作即"I can"的部分。

4.出谋划策——策划案

"I can"（我能）：我能做的事情是什么。

师：引导学生认识到"I"所拥有的能量，同时让学生知道当我们把"I"变成"we"，从"我"变成"我们"，我们的能量会更将强大。

（三）课堂总结

课堂小结：寻找生命能量的方法：

①寻找身上的积极品质；

②寻找家庭、学校及社会的支持；

③寻找生活的目标，了解自己能做的是什么。

六、教学建议

策划书的设置可随机根据课堂学生的思考选择一个事件，也可以课前提前设置。对活跃性较高、能力较强的班级可选择难度较高的活动进行策划。策划的活动必须具有一定难度，需要让学生明白，每个人都有自己的优势，一件难以完成的事集合大家的能力是可操作的。策划书在课后也可以找时间带着大家一起去实施。

七、教学资源

（1）复原力：（Resiliency）是指个体面对逆境、创伤、悲剧、威胁或其他重大压力的良好适应过程，也就是面对困难经历时的反弹能力。它的基本特征有三点：

①接受并战胜现实的能力；

②在危机时刻寻找生活的真谛的能力；

③随机应变想出解决办法的能力。

（2）心理韧性量表（PRS）：胡月琴和甘怡群（2008）汇总国内外学者对心理韧性的概念分为：

①结果论：为个体面临逆境后的积极结果；

②过程论：为压力或逆境等生活事件与保护性因素两者交互作用的过程；

③特质论：为面对逆境时的处理能力或特质。

胡月琴和甘怡群（2008）提出的心理韧性量表，量表总共 27 个条目，分成五大维度，包含：目标专注、情绪控制、积极认知、家庭支持、人际协助。

"Study Check"
高二年级其他主题课程

一、学情分析

偏科指在学习文化课中，有某一门或者好几门科目成绩特别好，剩下的一科成绩非常差。高二阶段学生学习上两极分化日益明显，偏科现象以及影响更加突出，在学习上的孤独感和焦虑感比较强，在考试中受到打击时容易产生自我怀疑。

二、教学目标

①情感目标：正确看待学习中的偏科现象，减少对不擅长科目的抵触情绪，体验克服困难的成就感。

②认知目标：了解偏科的表现和形成的原因。

③行为目标：掌握处理偏科题目的方法并运用到学习生活中。

三、教学思路

四、教学准备

打印"学习雷达"学案纸，或指导学生在本子上绘制雷达图。

五、教学过程

（一）课堂导入——优势 vs 后进

优势科目：_____

优势表现：_____

学习感觉：_____

后进科目：_____

后进表现：_____

学习感觉：_____

师：引导学生在学案纸上写下对应科目、表现和感觉。

生：进行分享。

师：在学生分享后，邀请与学生有相同优势科目/后进科目的学生进行鼓掌，进行适当的引导。

（二）观看视频《偏科的举起手来》

师：播放视频，引导学生思考。

①视频中的校花优势科目和后进科目分别是什么？存在什么问题？

②假如你是校花，面对自己的偏科问题，你会有什么感受？

③偏科对于学业可能会有什么影响？

④为什么会产生偏科问题？偏科的原因有哪些？

生：观看视频，讨论、分享。

（三）偏科原因面面观

师：承接第二环节的讨论，总结偏科原因：

1. 学习的"马太效应"

"马太效应"指的是强者愈强、弱者愈弱的现象，学生在学习中也会出现"马太效应"，一开始可能只是轻微偏科，但慢慢地，擅长的学科越来越棒，薄弱的学科越来越差。

一是因为面对不同偏好的学科，学生在学习时间和精力投入上存在差距，这种差距经时间放大，便逐步导致了偏科现象的发生。二是如果某个科目总是学不好，会导致学生对这个科目产生恐惧心理和排斥心理，成绩也就越来越差，越容易陷入厌烦该科的恶性循环。

与此同时，在喜欢的科目上，学生很容易有好的表现，获得好的成绩，而学业上的成就、老师的赞许，反过来又会增强对该门学科的喜欢，由此表现得越来越好。久而久之，学生在对自己的学业评价上就容易陷入思维定式。比如，我就是擅长英语；我就是学不好数学。

2. 多元的智力发展

学生偏重某一学科学习，跟智力发展状况有一定关系。美国教育学家和心理学家加德纳（H.Gardner）博士提出"人的智力是多元的"，每个人身上至少存在七项智能，即语言智能、数理逻辑智能、音乐智能、空间智能、身体运动智能、人际交往智能、自我认识智能；智能的分类也不仅仅局限于这七项，随着研究的深入，会鉴别出更多的智能类型或者对原有智能分类加以修改，加德纳于 1996 年提出了第八种智能——认识自然的智能。

3. 对老师的偏好

都说兴趣是最好的老师，而任课老师则是兴趣的引路人之一。不少同学上课是"认"老师的，有的同学非常喜欢某一位老师，同时也喜欢他的教学风格，上课的时候就会格外认真地听讲，这一学科的成绩自然很好。

4. 家庭氛围的影响

学生的学习可能跟家长的职业和习惯有着千丝万缕的联系，家庭的文化氛围会潜移默化地影响着孩子的兴趣选择。比如，家长从事计算机相关工作，孩子从小也对计算机感兴趣，对数字和网络情有独钟；家长爱好文学，孩子便从小耳濡目染，长大后更容易喜欢读书写作。

（四）我的学习雷达

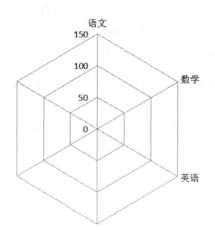

师：引导学生在纸上用两种不同颜色的笔画两个图，图一是自己目前学习情况（自查是否偏科、情况是否严重）；图二是自己理想的学习情况（均衡发展、提升），对比一下，并思考要怎么做才能从现实到理想。

生：完成活动，思考后分享。

师：根据学生回答进行梳理总结。

1. 调整心态，树立自信心

出现偏科，首先要把自己的心态调整好，不自卑，学会积极的心理暗示方法；同时从一点一滴做起，如果有的科目已经很差了，不和其他的同学比，每次进步一点即是成功。

2. 消除对老师的个人看法

学习不是给老师学的，不能因为不喜欢某个老师，就不喜欢他所教授的课。因为个人情绪而厌恶某一学科，甚至放弃学习，是非常不理智的行为。可以积极和老师沟通，说出自己的想法，接受老师的纠正和帮助。

3. 在不擅长的学科上花更多的时间

对不擅长的学科非常烦恼，学习时提不起精神，因此用在这些学科上的时间和精力也会大大减少。要终止这一恶性循环，只有一个办法，就是硬着头皮在不擅长的学科上花大量时间，可以把不擅长学科的学习穿插在其他学科之间进行，做短时间内的多次重复。

4.将最基本的知识理解透彻

这里所说的"透彻"，绝不是随便看几眼，稍加重复即可，而是包含极为严格的意思。如学英语，不仅要对单词、语法、基本句型等最基础的东西彻底理解，而且要背得滚瓜烂熟。如果无法做到这一点，战胜不擅长学科的计划只能是纸上谈兵。

（五）知识回顾

师：带领学生回顾过去一学期所学的知识点，加深印象。

六、教学建议

可能并非所有学生都存在偏科现象，对于均衡发展的学生要予以适当的关注与鼓励，一是鼓励其在保持成绩基础上继续突破，二是让均衡发展的学生进行经验分享，帮助其他学生。

偏科未必就是坏事，因为偏科者大都属于潜力股（如季羡林、钟伟长）。但如果偏科没有达到相当的高度，只是比其他课程略好一点，这样的偏科基本上是没戏的。具体情况具体分析，千万不能盲目效仿成功人士偏科，别忘了人家还在某一方面有过人天赋，有异乎寻常的才华。而且，当今高考录取制度不鼓励偏科，不会给偏科者网开一面。为长久计，青年学子还是要想办法补齐短板，尽量均衡文理课程，先考上大学再说。

七、教学资源

多元智能理论对智力的定义和认识与传统的智力观是不同的。加德纳认为，智力是在某种社会和文化环境的价值标准下，个体用以解决自己遇到的真正难题或生产及创造出某种产品所需要的能力。智力不是一种能力而是一组能力，智力不是以整合的方式存在而是以相互独立的方式存在的。多元智能中的各种智能内涵是：

①言语语言智能：指人对语言的掌握和灵活运用的能力，表现为用词

语思考，用语言和词语的多种不同方式来表达复杂意义；

②数理逻辑智能：指人对逻辑结果关系的理解推理思维表达能力，突出特征为用逻辑方法解决问题，有对数字和抽象模式的理解力，认识解决问题的应用推理；

③视觉空间智能：指人对色彩、形状空间位置的正确感受和表达能力，突出特征为对视觉世界有准确的感知，产生思维图像，有三维空间的思维能力，能辨别感知空间物体之间的联系；

④音乐韵律智能：指人的感受、辨别、记忆、表达音乐的能力，突出特征为对环境中的非言语声音，包括韵律和曲调、节奏、音高音质的敏感程度；

⑤身体运动智能：指人的身体的协调、平衡能力和运动的力量、速度、灵活性等，突出特征为利用身体交流和解决问题，熟练地进行物体操作以及需要良好动作技能的活动；

⑥人际沟通智能：指对他人的表情、言语、手势动作的敏感程度以及对此做出有效反应的能力，表现为个人能觉察体验他人的情绪情感并做出适当的反应；

⑦自我认识智能：指个体认识、洞察和反省自身的能力，突出特征为对自己的感觉和情绪敏感，了解自己的优缺点，用自己的知识来引导决策，设定目标；

⑧自然观察智能：指的是观察自然的各种形态对物体进行辨认和分类、能够洞察自然或人造系统的能力。

"奔跑吧，少年"
高二年级生活与社会适应主题课程

一、学情分析

高二是至关重要的一个过渡期。高二的学生经过一年的学习以及文理分科，在知识的掌握上出现了明显的分层问题。优等生积极、自信的心理得到了不断的加强，学习成了一种乐趣，因此能轻松面对开学等适应问题，而另一部分同学在经历多次的学习挫折后，逐渐形成摆烂躺平等心态。一到假后上学就会出现逃避上学、厌学等"假后综合征"，经过一个月的寒假学生的症状更为明显。为了改变同学们躺平的状态，让他们能够动起来，尽快融入学习生活中，因此设计了本节课。

高二年级

239

二、教学目标

①情感目标：鼓励学生用积极的心态迎接未来的学习和生活。

②认知目标：正确看待并接纳开学后产生的负面情绪。

③行为目标：掌握提升适应力的方法，帮助学生有效提升适应力。

三、教学思路

导入：回顾假期 ➡ 立足当下：提升开学适应力的小锦囊 ➡ 展望未来：我的学习计划

四、教学准备

PPT、小锦囊、视频。

五、教学过程

（一）课堂导入：回顾假期

师：用击鼓传花的形式选择同学分享寒假感言。（或用一个词来形容你的寒假生活，为什么？）

生：思考并回答问题。

师：总结寒假生活，引导学生觉察当下的情绪。

生：觉察自己的情绪，回答问题。

师：开学后出现的各种负面情绪都是正常的，引导学生接纳开学后产生的负面情绪。

（二）立足当下：提升开学适应力的小锦囊

1. 专注当下，立马行动

播放视频：《看不见的大猩猩》。

师：认真观看视频，并数一数视频中的人传了多少次球。

生：观看视频，回答问题。

师：提问学生是否有人看到了猩猩，引导学生认识到，当我们专注在一件事上时，旁边的东西对我们的影响力就会降低。进而引导学生要集中专注力在学习上。

2. 走出舒适圈，迎难而上

播放视频：《鹬》。

生：认真观看视频，并用一句话表达观后感。

师：引导学生认识，在我们的生活中有舒适区、学习区、恐慌区。舒适区会让我们感到放松舒适，一切应对自如，安全可控，但是成长应该是勇于走出自己的舒适区，勇敢面对人生风雨的打击。

3. 进行积极人际互动

师：引导学生思考，疫情期间居家隔离的人为什么老是想出门？

生：思考并回答问题。

师：引导学生认识到人是群居动物，与人开展积极的人际互动能够减少自身产生的焦虑感和恐惧感，因此在我们的生活中我们应该保持积极的人际关系。

师：教师对三个小锦囊进行总结，让同学们掌握三个小锦囊并能够在生活中进行实践。

（三）展望未来：我的学习计划

师：引导学生制订本学习的学习计划，并付诸行动。

生：认真制订学习计划，并在现实生活中实行。

六、教学建议

本节课活动较少，比较注重观察和思考，因此在上课过程中要注意，可以尽量多与学生进行问答式的互动。

七、教学资源

美国心理学家诺尔·迪奇（Noel Tichy）提出行为改变理论，提出舒适区、学习区与恐慌区等概念。行为改变理论着眼于行为变化过程及对象需求，理论基础是社会心理学。它认为人的行为转变是一个复杂、渐进、连续的过程，可分为 5 个不同的阶段，即没有准备阶段（pre-contemplation）、犹豫不决阶段（contemplation）、准备阶段（preparation）、行动阶段（action）和维持阶段（maintenance）。

舒适区指的是一个人所表现的心理状态和习惯性的行为模式，人会在这种状态或模式中感到舒适、放松、有安全感。

参考资料：

①《看不见·大猩猩》【高清·消失的大猩猩 The Monkey Business– 原创 – 完整版视频在线观看 – 爱奇艺（iqiyi.com）】。

②滨海心领航：提升适应力——学生适应能力培养团体心理辅导课，孙晶心理工作站，滨海心领航。

"我有超能力"
高二年级生涯规划主题课程

一、学情分析

多元智能理论认为智能是人在特定情景中解决问题并有所创造的能力,每个人都拥有八种主要智能,拥有独特的智能结构。探索自身的智能组合,思考智能组合与职业之间的联系,思考智能组合的提升方式,可以帮助高二学生了解自身的个性特点,提高学生的生涯适应力。

二、教学目标

①情感目标:感受自身优势智能带来的愉悦和成就感,激发提升自身智能组合的动力。

②认知目标:认识多元智能理论和八种智能的具体表现。

③行为目标:分析自身的智能组合,探索提升智能组合的方法。

三、教学思路

唤醒超能力 → 我有超能力 → 超能力提升计划

四、教学准备

PPT。

五、教学过程

（一）唤醒超能力

师：（创设情境）每个人的身上都隐藏着一股神秘的力量，有些力量早已觉醒并为己所用，有些力量尚未觉醒但一触即发，有些力量仍待挖掘却暗含惊喜……本节课我们将和一位神秘人一起挖掘自身的超能力，提升自身的超能力。

师：（介绍规则）以小组为单位推选一位"超能力"拥有者作为小组代表，小组代表伸出十只手指，依次在台上说出自己的超能力，如：我能轻松识记地理位置，我能辨认不同的口红色号，我能写出令人称赞的作文……台上小组代表说出自己的超能力后，若其他小组代表不具备该能力，则弯下一根手指；若其余小组代表具备该能力，则发言者弯下一根手指。一轮结束，剩余未弯曲手指数量最多的小组代表获胜。

生：参与活动。

师：（总结）台上小组代表的PK，不但让人见识到了各种独特的能力，也唤醒了自身隐藏的超能力。

（二）我有超能力

师：传闻，有一位神秘人，研究超能力多年，深谙超能力提升之道。唯有闯过重重关卡，方可获得神秘人的绝学。

展示闯关题目，班级中一个小组完成闯关即可进入下一关。

①完成两分钟演讲：如以"职业规划的重要性"为主题完成两分钟的演讲。

②完成推理题：如一个人带着一匹狼、一只羊和一捆卷心菜来到河边。他需要过河，但是河边只有一条船，而且一次只能带一样东西上船。他不能把狼和羊一起留在河边，也不能让羊和卷心菜一起留在河边，因为在这两种情况下，前者都会吃掉后者。如何用最少的渡河次数把所有东西都带到河对岸呢？

③一分钟走迷宫。

④听歌识曲。

⑤限时动作模仿，如下图。

⑥分析自身的三个优点或缺点。

⑦模拟环节：安慰闯关失败的同学。

⑧校园植物学名辨认。

生：以小组为单位闯关。

师：（总结）同学们发挥了自身的超能力，成功通关，获得了神秘人加德纳留下的超能力提升秘籍。

（三）超能力提升计划

师：加德纳在提升秘籍中介绍了自己的研究成果——多元智能理论。多元智能理论认为每个人都拥有八种主要智能：语言智能、数理逻辑智能、空间智能、音乐智能、身体运动智能、人际智能、内省智能、自然探索智能。每个人的智能结构不同，所体现的智能优势也不一样。

（1）秘籍一：知己者方可胜

师：借助多元智能雷达图，总结自身的优势能力组合。

生：完成多元智能雷达图。

（2）秘籍二：思未来促提升

师：请结合未来的理想职业思考现在的智能组合是不是自己所满意的组合，可以通过什么方式或者途径提升？

生：思考并分享。

师：（总结）看到自身独特的智能组合，不断提升，才能真正激发自身的力量，成为超能力拥有者！

六、教学建议

我有超能力环节：该环节的闯关题目可以根据学情自行调整，建议对应八种不同的智能。

七、教学资源

视频《导盲犬 Pip》：https://b23.tv/BXeguL4

动画讲述了一只小狗梦想成为导盲犬，但是自身能力和梦想有差距，为了实现梦想，小狗来到狗狗大学，进行各种能力训练，最终成为一名合格的导盲犬。

"交往有边界"
高二年级人际交往主题课程

一、学情分析

高中是自我认知和人际智力形成的重要阶段。在这一阶段，学生在人际交往方面也面临着更为复杂的情形，在处理人际关系时容易发生矛盾和冲突，如不知道如何拒绝同伴的不合理要求，维护自己的边界。本节课旨在引导学生明晰和维护自己的人际边界，同时尊重他人边界，为发展成熟、健康的人际关系奠定良好的基础。

二、教学目标

①情感目标：体验自尊、自信、自主处理人际关系带来的愉悦感。
②认知目标：认识和觉察自身和他人的人际边界。
③行为目标：能够在人际交往过程中维护自身边界，尊重他人边界。

三、教学思路

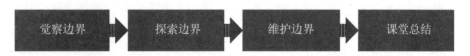

觉察边界　→　探索边界　→　维护边界　→　课堂总结

四、教学准备

课件。

五、教学过程

（一）觉察边界

师：同学们好，欢迎大家来到心理课堂。首先我们先来看一张图。想象一下在这样的情境中，你们会做出什么样的选择？

指导语：临近考试，你进入到一个自习室，发现考试期间的自习室座无虚席，但幸运的是还剩下一张大桌子，而且只坐了一个陌生的同学，坐在下图黑色部分标注的地方，现在还有剩余 ABCDEFG7 个位置供你选择，你会挑选哪个座位呢？理由是什么呢？

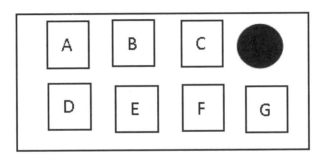

生：分享自己的选择及理由。

师小结：在刚才的讨论中我们发现：大部分同学都会习惯性地选择离陌生人较远的位置，如果靠得太近可能就会产生紧张或焦虑等不舒服的感觉，这是因为在人际交往中我们存在着边界感。

人际边界指的是人与人之间建立的限制和空间，每个人有其身体的、情感的、精神的界限，用来保护个体不受他人的操纵、利用和侵犯。今天这节课我们一起来探索人际边界。

设计意图：通过设置情景，启发学生认识到人际交往中存在着边界，引出主题。

（二）探索边界

师：接下来我们一起看几个场景，如果你能接受这样的做法就请你拍一下手掌，如果你认为这样的做法让你不舒服就请你拍一下自己的桌子。

场景1：不熟的同学挽着你一起走路。

场景2：父母偷看你的手机。

场景3：好朋友让你借他抄作业。

场景4：别人没有经过你的同意拿你的东西。

学生表态。

师：在刚才这个活动中，同样的场景有的同学认为是可以接受的，但有的同学强烈表示不能接受，可见每个人的边界也是有所不同的。

那么请大家回忆一下，在日常生活中还有哪些是你不能接受的、侵犯到你的边界的事情，请你列举3～4条，把它们写在纸上，待会儿请同学分享。

教师自我暴露，再请学生分享。

生：分享具体事例。

设计意图：展示一些常见的情景帮助学生初步认识自己的人际边界，再结合自身实际完成清单，进一步明晰人际边界，同时在分享中了解周围同学的边界，认识到不同的人有不同的人际边界。

（三）维护边界

师：感谢同学们的分享。可见在生活中人际边界被侵犯的情况时有发生，导致我们产生不舒服的感觉，甚至是人际关系破裂。那么在这样的情形下你有什么感受、你是怎样处理的以及我们应该怎么做才能够更好地维护边界。

小组讨论，派代表分享。

（四）课堂总结

师：只有清楚自己的人际边界，我们才会知道如何建立和维护边界。相反，如果对于自己的边界认知都是模糊的，不懂得如何表达和拒绝，一直迁就对方，我们就越容易情感受伤，希望在人际交往中同学们能够学会维护、尊重自身和他人的边界。

六、教学建议

①学生在分享自身边界时，提醒其他学生认真倾听，反思自身是否有过侵犯他人边界的行为，并学会尊重他人边界。

②当提到如何面对别人打破自己边界时，很多同学都会想到去拒绝，但是却很难真正做到拒绝他人，特别是亲密的朋友，可以在学会拒绝他人不合理要求这一部分给予学生多些练习体验。

七、教学资源

①推荐动画片《I wanna be your friend》。

②客体关系理论认为，"关系是一切问题的根源"。临床心理学家Ryan Howes认为在建立健康的个人边界之前，我们需要知道自己喜欢什么、不喜欢什么；什么让我们感觉舒服，什么会让我们感到害怕；在不同的情境下，我们希望被怎样对待。在这几点上越是清晰，我们就越是知道该如何建立个人边界。相反，如果对于自己的偏好都是模糊的，我们很容易会被带着走，而这时我们会感到自己只能一直迁就对方。随着关系发展，还有可能会"莫名其妙就受了伤"。

自我边界是让我们拥有更满意的人际关系的前提，一个成熟的人，一个人格完善的人，首先是一个自我边界清晰的人。他既能承担自己的责任，又能拒绝不恰当的要求；既能觉察自我的需求，又能够读懂对方；既能建立良好的人际关系，也能保持恰当的人际距离。

"滚蛋吧，焦虑君"
高二年级高效学习主题课程

一、学情分析

高二的学生在分科后开始进行综合考试，题目变多，时间不够用，担心考试考不好等情况导致学生出现焦虑、烦躁、信心不足等情况。为了缓解考试给学生带来的焦躁感，特此设计本次课堂。

二、教学目标

①情感目标：缓解学生焦虑的情绪状态，强化信心，培养积极的备考心态。

②认知目标：理解焦虑的定义，了解什么是五步脱困法。

③行为目标：掌握五步脱困法，在面临焦虑等情绪时能够运用五步脱困法解决问题。

三、教学思路

四、教学准备

气球、PPT。

五、教学过程

（一）课堂导入：吹气球

每位同学发放一个气球，学生吹完气球后让学生进行分享。

师：了解学生的焦虑状态，如果把焦虑比喻成气球，那这个气球会有多大？

生：吹气球，观察气球的变化。

师：如果气球被吹爆，引导学生感受现阶段的焦虑。若没吹爆，引导学生思考如果焦虑气球爆炸了应该怎么办？

（二）感受焦虑：限时做题

习题：① 10秒限时记忆：yihuiderb（字母串）、9576231048（数字串）；

② 1分钟限时做题：567-9-8=   78+56+79=   15×15=

23×34=   56×78=   67×34=   23×20×11=   65×65=

生：参与活动，认真感受。

师：让学生感受在记忆及做题的过程中产生的焦虑情绪。让其明白焦虑普遍存在。

师：引出焦虑的心理学定义：焦虑主要是内心出现了不平衡造成的。

（三）五步脱困法

师：呼应前面的焦虑使气球爆炸的情况，思考气球爆炸了应该怎么办，引出五步脱困法。

①困境：我做不到A。

②改写：到现在为止，我尚未做到A。

③因果：因为过去我不懂得……所以我现在尚未做到A。

④假设：等我学懂……我就能做到A。

⑤未来：我要去……我将做到A。

实例练习：小李同学单科考试成绩不错，但自从开始综合考试后，每次做综合试卷都只能做到三分之二，因此他每次理综成绩都非常不理想。他非常焦虑以后成绩会越来越差，非常害怕最终无法考上自己理想的大学，在最近一个月情况更是严重，小李同学出现了一上课就想上厕所，很抗拒上课的情况。

师：请利用五步脱困法帮助小李同学摆脱他的焦虑。

生：小组合作，利用五步脱困法帮助小李摆脱过度的焦虑。

六、教学建议

吹气球环节为防止学生过度投入玩气球，可在课前提前与学生约定好吹气球的规则。

七、教学资源

李中莹在《简快身心积极疗法》提出的，运用困境、改写、因果、假设、未来五个步骤，用语言把面对困难时消极的心态，转变为积极进取的态度、有计划地完成目标，以及制订切实可行的行动策略。五步脱困法通过不断强化，使学生大脑启动"自动选择更佳机制"。

参考资料：

①焦虑气球（初三考试焦虑辅导）原创 吴大海心理工作录。

②「开学适应」种下我的花丨HH 心理课 原创 HiHeart 帅天鹅。

"'3I'策略助飞高三"
高三年级学习适应主题课程

一、学情分析

心理复原力又称心理韧性，指个体在遇到压力、困难或者挫折情景时能够有效应对、从困境中恢复甚至反弹的能力。国际抗逆力研究计划 IRRP（The International Resilience Research Project）通过"我有"（I have）"我是"（I am）和"我能"（I can）的策略（简称"3I"策略）来提高学生的抗逆力。"我有"是帮助学生发现个体所拥有的外在支持与资源，发展安全感和受保护的感觉；"我是"是帮助学生发现个人的内在力量，包含个人的感觉、态度及信念；"我能"是帮助学生发现和培养个体的人际交往技巧和解决问题能力，如创造力、恒心、幽默、沟通能力等。

高三对学生来说是一个十分关键的时期，很多学生在高三这一年由于各种各样的原因，无法顺利适应，导致心理和学习成绩受到影响，在高考时无法正常发挥，和心仪的大学失之交臂。因此，如何增强心理韧性，帮助学生正确应对高三学习所带来的困难与挫折，培养抗逆力，使其迅速、正确地适应高三的学习生活就成为一个十分重要的问题。

二、教学目标

①情感目标：能够积极面对高三学习带来的困难与挫折。
②认知目标：理解和掌握 3I 策略。
③行为目标：在学习生活中遇到困难与挫折时灵活运用"3I"策略。

三、教学思路

四、教学准备

剧本、锦囊。

五、教学过程

（一）我们都一样

师：说出几个关键信息（如我们都一样每天早上背单词；我们都一样每天 6 点半到教室等），符合的同学，立刻拥抱在一起快速组建 6 ~ 8 人小组。

生：听见符合的信息，快速组建出 6 个小组，并入座。

师：根据活动情况进行小结，导入下一个环节。

（二）小 A 的高三故事

1. 小 A 的高三生活

师：教师分发剧本给六个小组，里面记载着高三学生小 A 的 6 个故事片段：

①小 A 是一名高三学生，小学、初中成绩都不错。上了高中，学习上感觉有些吃力，成绩掉到中等水平，但是有时候也会前进个几名。家里对他寄予很高的期望，希望他可以考一个好大学。

②高三的时间每一分每一秒都很宝贵，小 A 起早贪黑，一股劲地学习，吃饭、走路、课间……所有碎片化的时间，他都在埋头苦读。

③一段时间过去了，小 A 发现自己的成绩并没有什么进步，但是同班成绩与小 A 不相上下的小林同学却进步了一大截。"我不明白，我不明白，

为什么我学习了这么久了，我一点进步也没有。"小 A 在一天夜里，情绪再也绷不住了。

④高三大小考试陆续有来，这几次考试小 A 排名一次比一次差，他失落、害怕、紧张、焦急……

⑤"怎么办，怎么办！我这次考试肯定又会考砸。""我一定考不上我心仪的大学。""我真的是糟糕透了！"小 A 的脑海总是冒出这样的念头。

⑥小 A 感觉力不从心，上课开始走神，越来越沉默寡言，同学、老师问他怎么了，他只是摇摇头，他发现……

每个小组将手中的故事片段通过表演的方式展示给其他小组。表演好的小组前三有奖励。

生：组内明确角色分工并进行预演。

师：按照序号组织各小组上台表演。

生：各小组分别进行表演。

2. 小 A 怎么办？

师：引导学生根据小 A 的困境，思考如何帮助小 A 渡过难关，并且用"定格画面"的形式表现出来。

师：分发前三名小组的奖励——锦囊：①I am：我所拥有的内在优势；②I have：我所拥有的外部资源；③I can：我所拥有的能力。

生：小组讨论解决策略。

师：塑造"定格画面"，并讲解。

（三）"我"的高三故事

师：点评各小组的表现，介绍、归纳"3I"策略。

①I am：我所拥有的内在优势，如对自己有信心、做事有毅力、有恒心、对未来有计划并且充满希望，以积极乐观的心态面对高三等。

②I have：我所拥有的外部资源，如父母的支持、朋友的鼓励、老师的引导、好的学习榜样等等。

③I can：我所拥有的能力，如能够坚持、能够及时调整心态、能够及

时求助等。

师：通过小 A 的故事看自身，帮助学生认识到，如果遇到学习上带来的挑战和挫折，可以尝试运用"3I"策略，提高心理韧性，度过学习不适期，快速恢复较佳的学习状态。

六、教学建议

事先调查班级学生目前存在学习不适的主要原因是什么，及时修改剧本。

"兴趣升级之旅"
高三年级志趣与抱负主题课程

一、学情分析

根据舒伯的职业生涯理论，高三的学生正处于探索阶段中试验期到过渡期之间。兴趣是自我探索的重要内容，在高一、高二阶段，多数学生已初步完成兴趣探索，到高三阶段因逐步进入探索阶段过渡期，此时应有意识地引导学生将兴趣转变为乐趣、志趣，与生涯目标紧密结合，这对学生的未来生活具有积极意义。

二、教学目标

①情感目标：激发学生将兴趣发展为乐趣、志趣。
②认知目标：认识和理解兴趣与乐趣与志趣以及与生涯规划的关联。
③行为目标：通过活动找到自己的潜在志趣，并思考如何培养志趣。

三、教学思路

兴趣　→　乐趣　→　志趣

四、教学过程

（一）兴趣

师：介绍学生可以选择登陆的六个岛屿，分别是 A 岛（美丽浪漫岛）、C 岛（现代井然岛）、E 岛（显赫富庶岛）、I 岛（深思冥想岛）、R 岛（自然原始岛）、S岛（温暖友善岛）六个岛屿。请学生完成个人信息登记表（姓名、平时对什么事情感兴趣，不少于五件，坚持在做并喜欢做的事情，不少于三件），并选择登陆其中一个岛屿。

生：完成个人信息登记表，选择一个岛屿入座，自动分成六个小组，组内分享自己选择这个岛屿的原因。

师：根据学生个人信息表以及选择岛屿情况，请学生进行个人分享。

生：根据个人情况进行分享。

（二）乐趣

师：每一个岛屿都可以提供你们一些特定的资源，提问学生你会选择什么兴趣进行升级？在这过程中，你觉得需要的条件是什么？

生：进行思考。

师：组织学生在小组内进行讨论交流，得出兴趣变成乐趣的所需条件。

生：汇报小组讨论结果。

师：进行小结，当兴趣加上主动认识并找到资源，就会变成相对稳定的乐趣。

（三）志趣

师：现在每个岛屿广纳人才，开设岗位，只要应聘成功即可成为该岛屿的常驻居民。请根据你的兴趣、特长、能力等情况，填写自荐表（姓名、应聘职业、个人优势、应聘理由等。）应聘相应缺失岗位，如果在现岛屿没有合适你的岗位，可以选择离开现岛屿前往你要应聘的岛屿。

生：选择是否更换岛屿，填写自荐表。

师：根据学生的填写情况和流动情况，请学生分享自己的自荐表，并请更换岛屿的学生分享原因。

生：进行分享。

师：根据学生的回答情况进行回应，对于将乐趣升级为志趣的学生给予肯定（如A岛的学生，当初是因为喜欢画画选择了这个岛，并且利用这个岛屿提供的艺术氛围学习画画,到自荐成为一名插画师)。引导学生明白,当乐趣存在了价值激励,为其找到一个展示平台时,乐趣就会发展为志趣,甚至会成为个人的职业目标。对于更换岛屿的学生,可以引导学生知道,目前的兴趣、乐趣不一定会成为志趣,也不一定会成为未来的职业,但是可以培养其兴趣。

师:布置学生课后完成兴趣修炼指南。

兴趣 +　　　 = 乐趣。

乐趣 +　　　 +　　　 = 志趣。

五、教学建议

进行岛屿分组时,如果出现人数不均,引导学生选择第二个心仪岛屿。

六、教学资源

1.霍兰德职业兴趣岛

A 岛——"美丽浪漫岛"

这个岛上到处是美术馆、音乐厅,弥漫着浓厚的艺术文化气息。岛民们保留着传统的舞蹈、音乐与绘画。许多文艺界人士都喜欢来这里开沙龙派对寻求灵感。

艺术型:具有独创的思维方式和丰富的想象力,直觉强烈,感情丰富。喜欢创造和自我表达类型的活动,如音乐、美术、写作、戏剧。喜欢"非精细管理"的创意类和创造类的工作。如音乐家、作曲家、乐队指挥、美术家、漫画家、作家、诗人、舞蹈家、演员、戏剧导演、广告设计师、室内装潢设计师。

C 岛——"现代井然岛"

处处耸立着的现代建筑,标志着这是一个进步的、都市形态的岛屿,岛上的户政管理、地政管理及金融管理都十分完善。岛民们个性冷静保守,处事有条不紊,善于组织规划。

常规型：追求秩序感，自我抑制，顺从，防卫心理强，追求实际，回避创造性活动。喜欢固定的、有秩序的活动，如组织和处理数据等。愿意在一个大的机构中处于从属地位，并希望确切知道工作的要求和标准。喜欢有清楚的规范和要求的、按部就班、精打细算、追求效率的工作。如税务专家、会计师、银行出纳、簿记、行政助理、秘书、档案文书、计算机操作员。

E 岛——"显赫富庶岛"

该岛经济高度发展，处处有高级饭店、俱乐部、高尔夫球场。岛民性格热情豪爽，擅长企业经营和展开贸易活动。岛上往来者多是企业家、经理人、政治家、律师，等等。这些商界名流与上等阶层人士在岛上享受着高品质生活。

企业型：为人乐观，喜欢冒险，行事冲动，对自己充满自信，精力旺盛，喜好发表意见和见解。喜欢领导和影响别人，或为达到个人或组织的目的而说服别人，成就一番事业。喜欢那种需要运用领导能力、人际能力、说服能力来达成组织目标的职业。如商业管理者、市场或销售经理、营销人员、采购员、投资商、电视制片人、保险代理、政治运动领袖、公关人员、律师。

I 岛——"深思冥想岛"

这个岛平畴沃野，人少僻静，适合夜观星象。岛上有很多天文馆、科技博物馆、科学图书馆。岛民们最喜欢猫在自己的小房子里，天天钻研学问，沉思冥想，探究真知。哲学家、科学家和心理学家们在这里约会，讨论学术，交流思想。

研究型：自主独立，好奇心强烈，敏感并且慎重，重视分析与内省，爱好抽象推理等智力活动。喜欢独立的活动，独自去探索、研究、理解、思考那些需要严谨分析的抽象问题，能独自处理一些信息、观点及理论。喜欢以观察、学习、探索、分析、评估或解决问题为主要内容的工作。如实验室工作人员、物理学家、工程师、程序设计员、社会学家。

R 岛——"自然原始岛"

这是个自然生态优良的绿色之岛。岛上不仅保留有热带雨林等原始生态系统，而且建立了相当规模的植物园、动物园、水族馆。岛民以手工制造见长，他们自己种植花果，栽培蔬菜，修缮房屋，打造器物，制作工具。

实用型：个性平和稳重，看重物质，追求实际效果，喜欢实际动手进行操作实践。愿意从事事务性活动，如户外劳作或操作机器，不喜欢待在办公室里。喜欢与户外、动植物、实物、工具、机器打交道的工作内容。如农、林、渔业、野外生活管理业、制造机械业、技术贸易、特种工程师、军事工作。

S岛——"温暖友善岛"

这个岛的岛民们都性情温和，乐于助人，人际关系十分友善。大家互助合作，重视教育后代。每个社区都能自成一个密切互动的服务网络，处处充满着人文关怀气息。

社会型：洞察力强，乐于助人，善于合作，重视友谊，有强烈的社会责任感，总是关心自己的工作能对他人及社会做多大贡献。喜欢与别人合作的活动，帮助别人解决困难。喜欢帮助、支持、教导类工作。如牧师、心理咨询员、社会工作者、教师、辅导员、医护人员、其他各种服务性行业人员。

2. 兴趣金字塔

兴趣分为三个级别：直观兴趣（感官兴趣）、自觉兴趣（乐趣）与潜在兴趣（志趣）。

直观兴趣：感官兴趣是通过直观的感官刺激产生的兴趣。

自觉兴趣：乐趣，这是一种比感官更高级的兴趣，会把兴趣从感官推向思维，让我们产生更持久的兴趣，自觉兴趣是认知行为参与的兴趣。

潜在兴趣：志趣，是能持续一生的兴趣，不仅在于有感官和认知能力，还加入更深层次的内在动机——志向和价值观。志趣可以让人把感官兴趣通过学习变成能力。

"人际关系银行"
高三年级人际交往主题课程

一、学情分析

社会支持系统是指个人在自己的社会关系网中所能获得的，来自他人的物质和精神上的帮助。社会支持系统越强大，能感受到的人际积极情感体验就越强。高三学生学业压力大，社交时间显著减少，孤独感增强。引导学生关注自身的社会支持系统，可以促进学生的人际积极情感体验，帮助学生合理调动自身的社会支持系统。

二、教学目标

①情感目标：感受人际的积极情感体验。
②认知目标：认识社会支持系统的重要性。
③行为目标：学会调动自身的社会支持系统。

三、教学思路

人际关系账户查询 ➡ 人际关系账户充值 ➡ 人际关系账户提取 ➡ 人际关系账户投资

四、教学过程

（一）人际关系账户查询

师：（情境创设）人际关系银行是一间经营管理人际关系的银行，每位用户一出生，账户就已经自动激活。与他人的每一段关系都会被储存在账户中，可以随时办理关系查询、提取、充值、投资等业务。账户中的人际关系构成了用户独特的社会支持系统。

师：社会支持系统是指个人在自己的社会关系网中所能获得的，来自他人的物资和精神上的帮助和援助。社会支持系统越强大，能感受到的人际积极情感体验就越强，银行账户也越充盈。请学生结合自身的情况，以小组为单位思考，每一位用户的银行账户里包含哪些人际关系？

生：讨论并分享。

师：（总结）父母和师长等长辈，同学和朋友等朋辈，甚至是陌生的偶像，都是社会支持系统中的一部分，都存储在人际交往账户中。

（二）人际关系账户充值

师：在人际关系银行中有一份存款记录，记载着用户进行账户充值的信息。放假前随口说了一句喜欢同桌的画，返校后收到了同桌在假期用心绘制的画作；考试失利后偷偷在宿舍哭泣，宿舍成员集体安慰自己；住宿不能回家，周末吃到了妈妈送来的可口饭菜；分班前不知如何选择，老师指导自己做出决策……用户们将自己所感受到的人际上的温暖和帮助充值在账户，进行储存。

请回忆最近两个星期在人际关系中所感受到的支持、温暖和帮助，写在存款单上，对账户进行充值。

生：参与活动。

师：定期回顾，进行充值，可以提升人际的积极体验，让人际关系银行账户更富裕。

（三）人际关系账户提取

师：当用户有需要时，还可以前往人际关系银行，办理提取业务，帮助自己渡过困境。请结合自身情况思考，什么情况下，可以办理提取业务？完成提取单。

生：完成并分享。

师：社会支持系统可以提供情感的支持，带来积极的人际情感体验和归属感；可以提供工具性的支持，带来实质性的帮助；可以提供咨询性的支持，带来信息、知识和建议等。遭遇困境、需要帮助时，可以主动办理提取业务，调动自身的社会支持系统。

（四）人际关系账户投资

师：人际关系银行另一大业务为账户投资，若用户不满意账户情况，可以在银行进行投资，如：表明期望、换位思考、信守承诺，等等。

师：（总结）人际关系银行账户能带来人际的积极体验和帮助，也要进行经营和投资，才能让账户始终充盈。

五、教学建议

人际关系账户充值环节：积极关注班级中社会支持系统较弱的学生。

人际关系账户投资环节：如果课堂时间允许，可以让学生进行讨论，教师进行总结。

六、教学资源

1. 推荐影片：《心灵捕手》

影片讲述了一个名叫威尔（Will Hunting）的麻省理工学院的清洁工的故事。威尔在数学方面有着过人天赋，却是个叛逆的问题少年，在教授蓝勃、心理学家桑恩和朋友查克的帮助下，威尔最终把心灵打开，消除了人际隔阂，并找回了自我和爱情。

2. 推荐影片：《F 键的梦想》

键盘上的 F 键有一个看似不可能实现的梦想，它希望自己可以像瓢虫一样飞起来。为此它做了很多尝试，但都失败了，键盘上的按键看到 F 键的失落和沮丧，开始帮助 F 键实现梦想。在集体的帮助下，F 键在充满奇思妙想的体验中实现了梦想。

"我的试金石"
高三年级自我认识主题课程

一、学情分析

高中正是价值观形成的阶段，在这个时期，学生能形成正确合理的价值观，知道自己的需求，并学会价值判断和选择，知道当前的中心任务是什么，知道在哪些方面完善自我，知道该暂时放弃什么，树立理想信念，对当前的成长与未来的发展都尤为重要。

二、教学目标

①情感目标：体验价值选择的感受；学会从马斯洛需求层次理论中找到自己的位置，树立积极健康的人生目标。

②认知目标：认识影响自己学习和生活的内在价值观；掌握马斯洛需求层次理论的定义和特点，了解理论中需求的发展过程，了解该理论在生活中的实际应用。

③行为目标：提高价值判断与选择的能力；通过活动体验对马斯洛需求层次理论的具体内容进行提炼，结合实际对理论的应用进行练习与巩固。

三、教学思路

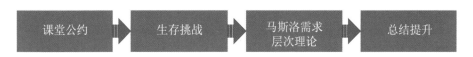

课堂公约 ➡ 生存挑战 ➡ 马斯洛需求层次理论 ➡ 总结提升

四、教学准备

音频（活动背景音乐）、材料纸（购物清单、马斯洛需求层次理论）。

五、教学过程

（一）课堂公约

师：强调本节课的课堂公约。

认真倾听，尊重他人；积极参与；保守秘密。

（二）生存挑战

1.第一阶段

师：假设现在全体同学一起乘坐一架飞机去旅行。正当大家满心欢喜畅想本次旅行的美好际遇时，广播里传来空乘人员急切的声音——飞机遇险了！（此处可播放飞机坠毁前警报音以烘托气氛）空乘人员在飞机坠落前号召乘客跳伞逃生。全体同学幸运地存活下来，但是大家都分散落在了一片丛林之中，需要独自面对生存考验。此时，所有同学都在丛林中发现一间小房子，门口的牌匾写着"神奇商铺"，里面有各种各样的物品，但是有着奇怪的购买规则：

本商铺可购买的物品有：矿泉水、压缩饼干、指南针、丛林地图、手摇式手电筒、基本药品、帐篷、救生绳索、锅碗瓢盆、小刀、驱虫剂、防水布、防风保暖衣物、捕兽夹；每样物品仅可购买一次，不得重复购买。

本商铺仅支持用以下品类购买物品，且每样仅可使用一次，购买一件物品：一个最重要的朋友；一位疼爱你的长辈；陪伴你终生的伴侣；10年寿命；美丽的容貌；15%的智商或15%的情商；五感之一（视觉、听觉、嗅觉、味觉、触觉随机一种）；实现人生理想的可能。

交易一旦完成，无法取消，一旦付出，就会彻底从生命中消失，再也得不到了。

注意：在第一阶段，每人最多可购买两件物品，以应对在第一阶段可能遇到的危险情况，可思考的时间为1分半。

生：思考要购买的物品，并填写在材料纸"购物清单"上。

师：时间到时，讲解第一阶段挑战规则：每位学生的起始体力值为

50%，在第一阶段中将会面临一些挑战，如果有可以应对挑战的物品，则体力值增加，如果没有可以应对该挑战的物品，则体力值下降。所有挑战结束后，体力值超过50%即为挑战成功。

挑战一：在丛林中行走的你感觉非常口渴。（需要物品：矿泉水，拥有该物品可增加30%体力，没有则减少20%体力）

挑战二：穿越在树林中突然发现一种毒虫就在你身边。（需要物品：驱虫剂或基本药品，拥有以上物品之一可增加20%体力，没有则减少10%体力）

挑战三：半天过去了，你感觉非常饥饿。（需要物品：压缩饼干，拥有该物品可增加20%体力，没有则减少10%体力）

挑战四：夜晚来临，你找到一个安全的地方，打算原地休息。（需要物品：帐篷或防水布，拥有以上物品之一可增加20%体力，没有则减少10%体力）

生：根据教师引导进行活动。

2. 第二阶段

师：组织学生按6人一组进行分组，进行第二阶段的活动体验。在经历了第一阶段的挑战后，此时大家在丛林中遇到了同学，你们6个人组成了"求生小队"，共同寻找出路。在本阶段中，同样可以在"神奇商铺"中购买物品，沿用第一阶段的购买规则，同时增加新的购买规则：

小队中每位成员均有且只有一次购买机会，且必须使用。

第一阶段中购买的矿泉水、压缩饼干、基本药品、驱虫剂属于消耗品，不沿用至第二阶段，如有需要可以重新购买；其他物品可沿用至第二阶段。

由于第一阶段购买活动已成功交易，每位成员在第一阶段用于购买物品的品类不得再次使用。

生：按照活动规则及纪律要求进行小组讨论，并将队内需要购买的物品和用以购买物品的品类写在材料纸"购物清单"上。讨论结束后，由小组代表汇报讨论结果。

师：根据实际情况提问学生，引导学生对本次活动进一步思考。

高三年级

267

在做决策的过程中经历了哪些心路历程？当舍弃物品时，心里的感受如何？为什么选择放弃这些？

当小组内意见不统一时，你们是如何做出决策的？

通过刚刚的体验，对于个人的价值观，以及如何用价值观进行选择和放弃有什么新的认识？

生：根据教师的提问引导进行深入思考并回应。

（三）马斯洛需求层次理论

1. 什么是马斯洛需求层次理论

师：结合"生存挑战"活动，讲解马斯洛需求层次理论。美国社会心理学家马斯洛认为，人的需要按照重要性和层次性排成一定的次序，从基本的（如食物和住房）到复杂的（如自我实现）。当人的某一级的需要得到最低限度满足后，才会追求高一级的需要，如此逐级上升。在他的需求层次理论里，把需求分成生理需求、安全需求、社会需求、尊重需求和自我实现需求五类，依次由较低层次到较高层次。

生理需求：人类维持自身生存的最基本要求，包括饥、渴、衣、住、行的方面的需求。如果这些需要得不到满足，人类的生存就成了问题。从这个意义上说，生理需要是推动人们行动的最强大的动力。马斯洛认为，只有这些最基本的需要满足到维持生存所必需的程度后，其他的需要才能成为新的激励因素。

安全需求：人类要求保障自身安全等方面的需要，包括了我们的人身安全、健康保障、财产安全、工作保障等方面的内容。

社会需求：这一层次的需要包括两个方面的内容。一是友爱的需要，人人都希望爱别人，也渴望接受别人的爱。二是归属的需要，即人都有一种归属于一个群体的感情，希望成为群体中的一员，并相互关心和照顾。

尊重需求：尊重的需要又可分为内部尊重和外部尊重。内部尊重是指一个人希望在各种不同情境中充满信心、能独立自主，也就是人的自尊。外部尊重是指一个人希望有地位、有威信，希望个人能力和成就得到社会认可, 受到别人的尊重、信赖和高度评价。马斯洛认为, 尊重需要得到满足, 能使人对自己充满信心, 对社会怀揣满腔热情, 体验到自己活着的用处和价值。

自我实现需求: 最高层次的需要, 指实现个人理想、抱负, 最大限度地发挥个人能力, 完成与自己的能力相匹配的一切事情的需要。自我实现的需要是在努力挖掘自己的潜力, 使自己越来越成为自己所期望的人物。

2. 马斯洛需求层次理论的应用

师: 组织学生根据马斯洛需求层次理论, 对自己的需求进行分类, 记录自己的需求被满足及未被满足的情绪及行为反应。提问学生: 目前自己的需求发展到哪一层级了呢? 在不同的层级中, 自己都会有哪些需要呢? 如果让你对每一层级自己需求的满足程度进行打分, 0 分代表完全没被满足, 10 分代表完全被满足, 0 ~ 10 分, 你会打几分呢? 当自己的需要被满足时, 你会有什么样的情绪体验或者行为反应? 当自己的需要没能被满足时, 又会有什么样的情绪体验或行为反应呢?

生: 根据马斯洛需求层次理论, 对教师提问进行思考, 根据自己的回答填写材料纸"马斯洛需求层次理论"。

（四）总结提升

师: 根据课堂活动具体情况进行总结, 强调课堂主题"价值判断与选择", 鼓励学生进一步觉察自己的需求, 探索自己的内在价值观。

生: 根据教师引导回顾本节课, 对课堂给予反馈。

六、教学建议

本节课以学生体验为主, 重点在于鼓励学生们积极投入选择的讨论中, 以获取最真实的反应和体验。在过程中应注意, 教师不宜对学生做过多的价值评判, 应当尊重他人选择, 给予其表达心声的机会。在"生存挑战"的活动中, 应重视引导学生, 严肃认真地思考问题、参与活动, 以达到课堂预期效果。

七、教学资源

购物清单

第一阶段：

用＿＿＿＿＿＿＿＿＿＿＿＿＿＿＿，换取＿＿＿＿＿＿＿＿＿＿＿＿＿＿＿。

用＿＿＿＿＿＿＿＿＿＿＿＿＿＿＿，换取＿＿＿＿＿＿＿＿＿＿＿＿＿＿＿。

第二阶段：

用＿＿＿＿＿＿＿＿＿＿＿＿＿＿＿，换取＿＿＿＿＿＿＿＿＿＿＿＿＿＿＿。

用＿＿＿＿＿＿＿＿＿＿＿＿＿＿＿，换取＿＿＿＿＿＿＿＿＿＿＿＿＿＿＿。

用＿＿＿＿＿＿＿＿＿＿＿＿＿＿＿，换取＿＿＿＿＿＿＿＿＿＿＿＿＿＿＿。

用＿＿＿＿＿＿＿＿＿＿＿＿＿＿＿，换取＿＿＿＿＿＿＿＿＿＿＿＿＿＿＿。

马斯洛需求层次理论	我的需求（0～10分）	需求被满足时我的情绪及行为	需求未被满足时我的情绪及行为
生理需求			
安全需求			
社会需求			
尊重需求			
自我实现需求			

"穿越学习高原"
高三年级高效学习主题课程

一、学情分析

学习中的"高原现象"是指在学习或技能形成的过程中,出现的暂时停顿或者下降的现象。学生在学习进程中常会有这样一个阶段,即学习到一定程度时,继续提高的速度减慢,有的人甚至发生停滞不前或倒退的现象。高三年级的学生进入了复习的阶段,可能都会经历成绩起伏大,甚至越学越差,出现急躁、焦虑、挫败等情绪,学习注意力难以集中,学习效率低下,甚至失去了备考的信心等困扰。如何让学生学会克服学习中的"高原现象",突破高原期,是我们需要重点关注的问题。

二、教学目标

①情感目标:养成良好的心理素质和积极乐观的学习心态。

②认知目标:正确认识学习中的"高原现象"。

③行为目标:掌握应对"高原现象"的方法。

三、教学思路

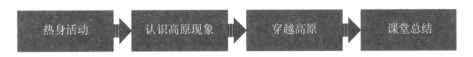

热身活动 → 认识高原现象 → 穿越高原 → 课堂总结

四、教学准备

材料纸(穿越学习高原的秘籍)。

五、教学过程

（一）热身活动"心情操"

教师带领全体同学完成活动"心情操"，学生根据引导语做动作。

师：现在是活动准备阶段，请同学们回顾近两周自己的学习状态以及在学习过程中的情绪状态。

生：进行回顾。

师：请同学们根据自己的情况，跟随老师的口令做出动作。

如果最近心情好，请你拍拍手；

如果感觉有点累，一起捶捶肩；

如果学习状态好，伸出拇指点个赞；

感觉烦躁压力大，摸摸你的小脑袋；

努力学习有进步，举起双手来欢呼；

不知所措很焦虑，请你轻轻跺跺脚；

希望学习能更好，大家一起加油干！

生：当口令符合自己实际情况，做出相应动作。

师：总结。

（二）认识高原现象

1. 什么是高原现象

师：结合实际提问学生进入高三后遇到的困惑，总结学习中会遇到的状况（瓶颈）。

生：根据自己的实际情况回答问题。

师：许多同学在高三紧张复习备考的阶段，都会出现类似的情况，这在心理学中被称为"高原现象"。学习中的"高原现象"是指在学习或技能形成的过程中，出现的暂时停顿或下降的现象。

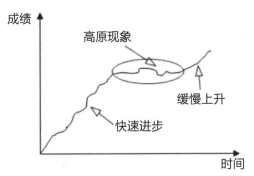

心理学研究表明，学习者在学习各种新的知识和技能的过程中，其能力和水平的发展并不是直线上升的，一般要经历以下四个阶段：

①开始阶段：学习者要了解新事物、熟悉新规律，学习比较费劲，提高较慢。

②迅速提高阶段：学习者初步掌握了该知识、技能的重要规律或找到了"窍门"后，成绩明显提高。学习者因此得到鼓舞，提高了兴趣，树立了信心，取得更大的进步。

③学习高原期：学习者这时已经掌握了一定的知识，也具备了一定能力、水平，剩下的多是疑点、难点，加之精神、心理等诸多因素的影响，进步速度比较缓慢，尽管学习者很用心学习，但成绩提高幅度不大，有时甚至会下降，水平总体上处于一种停滞状态。

④克服高原阶段：学习者坚持学习，不断探索、改进学习方法，克服了学习上的困难，掌握了新的规律或技巧后，学习成绩又开始逐步上升，能力水平达到新的高度。

2. 高原现象的原因

提问：在学习过程中，出现高原现象的原因有哪些？

生：思考并回答问题。

师：根据学生的回答，结合实际进行总结。

①学习先易后难，逐步加深。

②学习热情，学习劲头难以持久。

③学习方法不得当。

④浅尝辄止，停滞不前。

（三）穿越高原

师：引导学生思考如何应对高原期，组织学生进行分组讨论。

生：分小组进行讨论，探讨如何从认知、情绪、行为三个方面进行调整应对学习高原期，并将讨论结果填写在表格中。讨论结束后，各小组派出一位代表汇报讨论结果。

师：对小组代表的汇报给予回应。综合各小组汇报，从认知、情绪、行为三个方面进行总结，根据实际情况介绍更多的调节方式方法。

生：对填写的表格进行补充。

（四）课堂总结

师：引导学生回顾本节课堂内容，包括高原现象的定义、处于高原期的情绪及行为表现、高原现象产生的原因、应对高原期的方法。

生：根据教师引导对本节课堂进行回顾，完成学习表格。

六、教学建议

本节课知识点较多，建议结合讲授的内容，组织学生通过练习、活动小组讨论等形式加深对于知识点的理解与应用，增加课堂互动，同时要注意时间的把控。

七、教学资源

穿越学习高原的秘籍：

认知
情绪
行为

"解锁我的情绪密码"
高三年级情绪调适主题课程

一、学情分析

萨提亚的冰山理论认为，每个人的自我都像一座冰山，我们看到的只是冰山的一部分——行为。而更大一部分的内在世界却藏在更深层次，不为人所见。高三学生面临的学业压力和外界压力大，容易产生焦虑、否定等负面情绪。借助冰山理论引导学生认识情绪，可以帮助学生理解自身的情绪，有效调节情绪。

二、教学目标

①情感目标：感受剖析情绪带来的掌控感和调节情绪带来的愉悦感。
②认知目标：认识冰山理论的结构和重要性。
③行为目标：运用冰山理论分析情绪，进行情绪调节。

三、教学思路

四、教学准备

视频。

五、教学过程

（一）课堂导入

师：播放电影《青春变形记》预告片。

生：观看视频。

师：《青春变形记》中的主角美美在情绪失控或激动时，就会变身为一只红色的大熊猫。最初，美美对此感到抗拒和迷茫，不明白情绪为什么会带来这样的变化。红色大熊猫在电影中代表了美美青春期的成长，也代表了被美美所压抑的情绪。生活中的人们也常常经历这样的情况：不明白自己的负面情绪从何而来，不知道如何应对自己的负面情绪。

（二）冰山理论

师：播放电影《青春变形记》片段：美美的妈妈偷偷来到学校寻找美美，被学校保安发现后与保安发生争执，还当众给美美拿出卫生巾。美美尴尬万分，在教室当众变身成为红色大熊猫，并逃离了教室。

生：观看视频。

师：萨提亚认为，每个人的自我都像一座冰山，我们看到的只是冰山的一部分——行为。而更大一部分的内在世界却藏在更深层次，不为人所见，恰如冰山。包括行为、应对方式、感受、观点、期待、渴望、自我七个层次。借助冰山理论，可以更好地理解美美的情绪变化和行为。

师：以小组为单位，分析视频中妈妈的情绪冰山。

生：参与并分享。

师：行为、感受、观点、期待、渴望、自我就像被隐藏的情绪密码，解锁情绪的密码，才能更好地理解情绪。

（三）我的情绪冰山

师：电影中的美美压抑了自己希望被尊重，被当作独立个体对待的渴望，产生了自我否定和逃避的负面情绪，表达自己的渴望才能帮助美美调节负面情绪。请回忆近期产生的一次负面情绪，绘制情绪冰山图，并思考如何调节情绪。

生：绘制并思考。

师：情绪的密码有时会出错，就像情绪冰山也会有不合理之处。如人们总是会把不合理的观点等同于事实，"我肯定考不上好大学了"是不合理的观点，"这次考试分数没有达到特控线"是事实，不合理的观点最终会出现低能量的自我。

生：再次思考自己的情绪冰山。

师：（总结）认识情绪冰山，解锁情绪密码，思考情绪密码的合理性，及时做出调整，才能有效调节情绪。

六、教学建议

冰山理论环节：介绍冰山理论时，可以和学生共同分析美美的情绪冰山，帮助学生理解冰山理论的不同层次。应对方式可以根据课堂时间安排进行调整，若时间充足，可以适当介绍。

我的情绪冰山环节：可以提前印制冰山模型图，让学生在模型图上分析自己的情绪冰山。

七、教学资源

推荐影片：《青春变形记》。

影片中13岁的亚裔女孩MEI（美美）在情绪失控或激动时会变成一只红色大熊猫，MEI（美美）在变身红色大熊猫后发现了真实的自我，接纳不完美的自己，和母亲和解，获得成长。

"我的加油站"
高三年级生命教育主题课程

一、学情分析

高三学生的社会意识已接近成熟，并逐渐形成自己的人生观和价值观，对社会现实问题有自己独立的见解。面对学习与生活中的压力与矛盾，他们倾向于隐匿于心，长期负面情绪的积累使得他们产生焦虑、恐惧。针对此类情况，本课程采用现场心理剧的形式，对学生的故事进行即兴剧场表演，将内在的感受以具体化的形式展示，用他人的嘴，讲自己未能说出的话，传递他人支持的力量，缓解学生的压力和不愉快，给予自己积极的力量。

二、教学目标

①情感目标：能够感受到被支持的力量，培养积极的心态。
②认知目标：能够明白挫折和困难具有普遍和广泛性。
③行为目标：掌握应对挫折的方法。

三、教学思路

课堂导入　→　烦恼接收机　→　一人一故事剧场

四、教学准备

PPT、视频、烦恼接收箱。

五、教学过程

（一）课堂导入——鸡蛋进化论

以小组为单位，运用石头剪刀布按鸡蛋—鸡—凤凰—人进行进化。两两猜拳，赢的人可以进化到下一个，输的人则退化一步，最先进化到人的则胜。

师：提问学生在活动过程中是一直没有进化还是处于起伏中？

生：根据实际情况回答。

师：结合学生的回答，引出挫折具有普遍性和广泛性。

（二）烦恼接收机

师：提问：近期你面临的最大困惑（挫折）是什么？

生：思考问题，并将困惑写在便利贴上。小组长将小组便利贴收进烦恼接收机中。

（三）一人一故事剧场

活动规则：

①每小组从其他任意一小组的烦恼接收机中抽取一个烦恼。

②针对该困惑进行小组讨论：在该困惑中，隐藏的未表明的话是什么？遇到该类问题你们会如何解决。

③讨论后小组以剧场的形式进行演绎。

师：讲解活动规则，组织学生分小组进行讨论，讨论过程中对各小组进行指导。

生：根据活动规则开展小组讨论；进行小剧场演绎；演绎过后，其他小组针对演绎小组呈现的内容进行点评和补充。

师：根据学生提取的情感和方法进行归纳总结，引导学生觉察小组讨论和演绎过程中来自同学们的支持的力量，思考生活中适合自己的转化挫折的方法。

六、教学建议

本节课一人一故事剧场难度较大，耗时较长。可根据时间和学生对情感的把控情况对演绎内容进行调整。时间不足时，可选取只演绎解决方法的部分，故事尽量呈现完整，小组讨论过程教师要及时进行指导。

七、教学资源

一人一故事剧场（简称"一剧场"，英文名为"Playback Theatre"，简称PT）于1975年由美国Jonathan Fox及Jo Salas等创立，是一种即兴剧场。结合了剧场、口述故事、心理剧场等元素，是注重分享、平等与尊重的表演模式，注重观众与表演者之间的互动。观众于剧场上分享个人经验及感受，演员在聆听后以形体、声音或话剧形式实时呈现，作为礼物回赠观众。在一场演出里，观众会欣赏到不同人士的故事被演绎，故事与故事之间往往存在着一种仿似互相对话的微妙关系。任何人都可以成为"演员"并以这种剧场形式去服务社区。

"凤凰花开的路口"
高三年级其他主题课程

一、学情分析

高三上学期结束，学生将迎来最后的冲刺期。大部分学生已经设立高考目标，但在复习中难免会有困难和障碍，容易遇上"高原期"，同学之间的支持、鼓励和陪伴尤为重要；本阶段学生社会意识已经接近成熟，人际交往方面进行适当引导可增强其社会支持体验。

二、教学目标

①情感目标：感受到同窗情谊背后的支持和鼓励，促进情感交流。

②认知目标：认识人际交往中"积极语言"的促进作用。

③行为目标：梳理人际关系，并将人际交往技巧运用到生活中。

三、教学思路

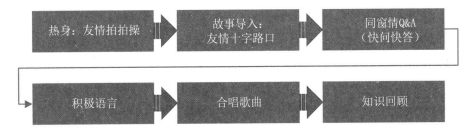

四、教学准备

"同窗情 Q&A"提纲 / 答题纸。

五、教学过程

（一）热身——友情拍拍操

师：运用指令引导学生进行拍拍操放松，融入课堂。

（二）故事导入——友情的十字路口

师：呈现 2 个案例，引导学生进行思考、分享。

案例 1 小雨的烦恼

小雨和小江是一对好朋友，两人特别有缘，从小学到高中都在一所学校就读，关系特别好。在小雨眼里，小江很优秀，但是也有点"烦人"，小江批评小雨的时候从来不留情面，而不分场合，小江总说自己是"刀子嘴，豆腐心"，小雨也知道她是为自己好，但是上高中以来，小雨感觉到自己对这个好朋友越来越不耐烦，但是又不舍得这么多年的情谊，有些进退两难，不知道该不该将这份友情继续下去。

如果你是小雨，你会做怎样的选择？为什么？

如果你是小江，你知道小雨有这个想法和念头，你会有什么感受？你会怎么做？

案例 2 我们可以成为朋友吗？

进入高二，小喜认识了新同学小荣，但同学之间传言小荣是有名的不良少年，让小喜不要过多交往，但小喜在和小荣的交往过程中觉得他非常热情，有次在放学路上，小喜被社会青年骚扰，是小荣"拔刀相助"，赶跑了社会青年。小喜非常感动，但是同学们的提醒也让她有些矛盾……

小荣的确不爱学习，还打架斗殴，但是很"仗义"，小喜想和他做朋友，又不敢和他有过多交往，如果你是小喜，你会怎么办？

如果你是小荣，得知同学们对你的看法，你会有什么感受？你会怎么做？

生：讨论并分享。

（三）同窗情 Q&A

当我遇到困难的时候，我会找 _____，

因为 ＿＿＿＿＿＿＿＿＿＿＿＿＿＿＿＿＿＿＿＿＿＿＿＿＿。

我特别想表扬 ＿＿＿＿＿＿＿＿＿＿＿＿＿＿＿＿＿＿＿＿，

因为 ＿＿＿＿＿＿＿＿＿＿＿＿＿＿＿＿＿＿＿＿＿＿＿＿＿。

和我关系最好的同学是＿＿＿＿＿＿＿＿＿＿＿＿＿＿＿＿＿＿，

如果要给一个建议，我会对 ta 说＿＿＿＿＿＿＿＿＿＿＿＿＿＿＿。

我觉得＿＿＿＿＿＿＿＿＿＿＿＿＿＿＿有时候不够自信，

我想对 ta 说＿＿＿＿＿＿＿＿＿＿＿＿＿＿＿＿＿＿＿＿＿＿＿。

我的男神 / 女神是＿＿＿＿＿＿＿＿＿＿＿＿＿＿＿＿＿＿＿＿＿，

因为 ta＿＿＿＿＿＿＿＿＿＿＿＿＿＿＿＿＿＿＿＿＿＿＿＿＿＿。

我觉得我们班级很＿＿＿＿＿＿＿＿＿＿＿＿＿＿＿＿＿＿＿＿＿＿，

因为 ＿＿＿＿＿＿＿＿＿＿＿＿＿＿＿＿＿＿＿＿＿＿＿＿＿。

师：引导学生完成表格 / 对 PPT 呈现的问题进行回答。

生：完成并分享。

师：引导学生进行思考：当听到别人表达对自己的赞美、感谢，我们会有什么感受?

（四）积极语言

师：介绍查普曼"积极语言"，并进行举例，让学生两两配对，尝试运用积极语言给对方写一句话。

生：完成任务，分享感受。

（五）合唱——《凤凰花开的路口》

师：播放视频，让学生跟唱，教师对本节课进行总结。

（六）知识回顾

师：带领学生回顾过去一学期所学知识点，加深印象。

六、教学建议

在案例探讨部分教师尽量保持开放态度，不对故事主角本人进行评价，更多评价其行为，并进行引导。同窗情 Q&A 部分多发掘学生积极资源，引导学生关注自身社会支持系统，并运用该系统应对生活中的困难。

七、教学资源

1.《凤凰花开的路口》视频链接

https://www.bilibili.com/video/BV1B5411x7eP?spm_id_from=333.337.search-card.all.click&vd_source=1bade996783febd159416b1af4f155e0

2. 积极语言

盖瑞·查普曼在他的著作《爱的五种语言》中，认为肯定的言词是爱的五种语言之一，它包含了五个方面：称赞（欣赏优点）、鼓励（激起勇气）、谦和（肯定能力）、建议（激发潜能）、感谢（回应付出）。

称赞是指对对方优点的欣赏和直接肯定，我们可以尝试用称赞来"点亮"对方一天的心情，比如可以对对方的外形或者品质进行直接的表达，如"你的新发型真不错！"也可以对对方的态度或者品质予以肯定，如"你总是很积极地参加班集体活动，而且很用心地完成每一件工作。"

鼓励是指在对方面临挑战、经历不顺心的事情或情绪低落的时候，用语言给予对方支持，激起对方的勇气，如"如果你想参加演讲比赛，我觉得很好，我支持你！"

谦和意味着提出"请求"而不是"要求"，通过对对方发出请求来表达我们自身的愿望，既能达到我们的目的，同时也是对对方能力的一种肯定，从而可以让对方感受到愉快的情绪体验，如"今天晚修可不可以请你再演示一次这道题的解法？"

建议需要是不带评判的、真正从对方需求出发的，注意避免将自己的观念强加在对方身上，温暖的建议可以是："我知道你对这次的成绩感到很失落，等你感觉好一点的时候我们可以一起分析试卷，相信下次一定可以避开相同的坑，考出理想成绩！"

感谢是指及时回应对方的付出，表示我们已经看到了对方的努力，如"我记得你牺牲休息时间把我送到医院，让我很感动，非常谢谢你！"

"蜗牛也疯狂——坚持与拼搏"
高三年级生活与社会适应主题课程

一、学情分析

高三下学期进入了高考最后的冲刺阶段，长时间紧张的学习状态，使学生更容易陷入学习的疲惫期。为了缓解同学们进入高三下学期的焦虑感，能够在高考冲刺的道路上继续坚守，特此设计本次团体辅导课程。

二、教学目标

①情感目标：感受与老师同学一起并肩作战的幸福感，培养学生的归属感。

②认知目标：认识到坚持、永不放弃的重要性，明白只要坚持到底就会有结果。

③行为目标：能够运用自我暗示法缓解在备考中出现的负面情绪。

三、教学思路

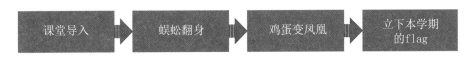

课堂导入 ➤ 蜈蚣翻身 ➤ 鸡蛋变凤凰 ➤ 立下本学期的flag

四、教学准备

活动道具、纸、笔。

五、教学过程

（一）课堂导入：一分钟鼓掌

师：在活动开始前了解学生对自己一分钟能鼓掌多少次的猜测。

生：预估自己一分钟能鼓掌多少次，并回答。

师：为学生计时一分钟，看同学们在一分钟内能鼓掌多少次。

生：参与活动。

师：结合猜测和实际情况，让学生明白每个人都蕴含着无限的潜力。引出本次活动主题：坚持就是胜利。

（二）蜈蚣翻身

活动规则：班级同学分成四组，队员手拉手朝同一方向站立，每组第一个队员从两个队员的拉手孔处钻过，依次从第二和第三个队员、第三和第四个队员直到最后面的队员顺次跟上，直到全体同学翻到指定位置，期间不能有拉手断开的地方。

生：认真参与活动，活动后进行活动分享。

师：引导学生思考，在这个活动里，我们需要注意的有哪些？在同学们出现混乱时，鼓励学生积极处理，不要放弃。

师：根据学生现场表现进行提问。引导学生思考，在活动中有没有同学遇到困难，是否有过放弃的念头，以及是因为什么？

生：认真思考并回答问题。

（三）鸡蛋变凤凰

活动规则：

①鸡蛋蹲在地上、小鸡半蹲、大鸡稍微弯曲站立、凤凰站立。

②大家的起始级别为"鸡蛋"，每人随意寻找对象，通过剪刀、石头、布或者其他猜拳方式与另外一个"鸡蛋"PK，胜利者即可升级为"小鸡"，输家仍然为"鸡蛋"。第一轮结束"鸡蛋"和"鸡蛋"PK，"小鸡"和"小

鸡"PK。第二轮开始"鸡蛋"仍然为变身而努力寻找其他的"鸡蛋"PK。"小鸡"要寻找其他的"小鸡"PK，赢家升级为"大鸡"，输家降级沦为"鸡蛋"。第三轮，同上理论，"大鸡"为了升级，要寻找其他"大鸡"PK。赢者可升级为"凤凰"，输者沦为"小鸡"。直到游戏无法进行（无人和自己配对进行比赛）则游戏结束。例如，只剩下一个鸡蛋、一个小鸡和一个大鸡；剩下两个鸡蛋；剩下两个小鸡。

生：认真参与活动。

师：引导学生思考挫折与机遇并存的关系。不要给自己设限，要相信有必胜的决心和理想再加上自己的努力，总是会成功。

（四）立下本学期的 flag

生：制定本学期的 flag，并为之坚持。

六、教学建议

在活动过程中，引导学生体验身体的感受和心里的感受。

七、教学资源

自我效能是指个体对自己能否在一定水平上完成某一互动所具有的能力判断、信念或主体自我把握和感受。来源于美国心理学家班杜拉提出的三元交互决定论的观点。

参考资料：

《心理课设计操作指南理论篇》，心理老师成长联盟。

"小肩膀上的责任"
高三年级生活与社会适应主题课程

一、学情分析

责任和担当是伟大民族精神的重要内容。高三这一年充满了挑战，是高三学子的一个重要转折期，也意味着高三学子应当清楚自我的责任和担当。为了让高三学子能够承担责任，为自己负责，进而全力以赴迎接高考，特此设计本节课。

二、教学目标

①情感目标：能够在生活中勇敢承担对他人、社会及自己的责任。

②认知目标：理解责任的内涵，认识责任的重要性。

③行为目标：能够认识在当下应承担的责任。

三、教学思路

四、教学准备

PPT、视频、量表。

五、教学过程

（一）课堂导入：播放视频——疫情请战书驰援抗疫

师：引导学生观看视频，观察在视频中看到了什么引出请战书。

生：认真观看视频，积极回答问题。

师：引导学生思考，大家为什么会牺牲与家人相处的时间，奔赴危险重重的战场。

生：认真思考，并回答问题。

师：根据学生的回答进行总结，引出责任与担当的主题。

（二）什么是责任

测一测：

师：引导学生完成社会责任感量表，完成测试，让学生了解自己责任感的状态。

生：认真完成测试。

师：根据学生测评情况进行总结，引出责任感的定义。

什么是责任感。

师：让学生了解责任感的内涵。责任感从本质上讲既要求利己，又要利他人、利事业、利国家、利社会，而且自己的利益同国家、社会和他人的利益相矛盾时，要以国家、社会和他人利益为重。人只有有了责任感，才能具有驱动自己一生都勇往直前的不竭动力，才能感到许许多多有意义的事需要自己去做，才能感受到自我存在的价值和意义，才能真正得到人们的信赖和尊重。

（三）情景演绎：我的责任

1. 情景演绎

情景一：小李同学骑着电动车去超市买东西，不小心撞到了别人停在路边的汽车，小李左右看了几下，发现旁边没人，立马骑着车走了。

情景二：小东同学是一个不喜欢受约束的人，因此在班里经常迟到，也不爱写作业。每当他迟到或没交作业被老师批评时，他都会大声反驳老师，声称读书是自己的事，不需要老师多管闲事。

师：引导学生思考，故事中的同学他们的行为是否正确。正确的话哪里做得对？错误的话问题在哪里？

生：观看表演，认真思考。

师：明确不同角色有不同的责任。

2.我的责任

师：引导学生思考，当下的自己要承担哪些责任，应该怎么去承担这些责任。

生：认真思考。

六、教学建议

本节课是一节注重思考的课，在教学过程中需要注意引导学生进行思考，在情景演绎的阶段可让学生代入相关情景进行自我创作，再演绎。

七、教学资源

社会责任感量表：

1.我喜欢看报纸上的犯罪新闻。

2.当别人惹了我时，我觉得只要有机会就应报复，这是理所当然的。

3.有时我真想骂人。

4.我曾经有过很特别、很奇怪的体验。

5.我小时候，曾经因为胡闹而受过学校的处分。

6.一切事情都由老天爷安排好了。

7.我从来没有为寻求刺激而去做危险的事。

8.我更喜欢我下了赌的比赛和游戏。

9.在上学的时候，有时因胡闹而被老师叫去办公室。

10.我觉得我时常无缘无故地受到惩罚。

11.我过去喜欢上学。

12.我很少头昏眼花。

13.无聊的时候，我就会惹事寻求开心。

14.我喜欢科学。

15. 我很喜欢打猎。

16. 我父母经常反对那些和我交往的人。

17. 我虽然相貌不好看，也不因此而苦恼。

18. 我从来没有犯过法。

19. 在学校里，要我在班上发言，是非常困难的。

20. 我常发现别人妒忌我的好主意，因为他们没能先想到。

21. 我生病或受伤的时候，不怕找医生。

22. 小时候我时常逃学。

23. 我希望能成为一名摩托车运动员。

24. 只要你不是真正地犯法，钻法律的空子是可以的。

25. 我时常因为自己爱发脾气和抱怨而感到懊悔。

26. 在学校中老师对我的品行评定总是很不好。

27. 火对我有一种吸引力。

28. 我一向总是靠自己解决问题，而不是找人教我怎样做。

29. 我喜欢穿高档的衣服。

30. 我喜欢阅读有关科学的书籍。

31. 我害怕单独待在空旷的地方。

32. 许多人都因为有过不良的行为而感到惭愧。

T 分大于 60，提示有责任心、自律、可信任；50、60 之间：大多数人在此范围；小于 50，这种人不愿对自己的行为后果负责，没有可信赖感和对集体的责任感，价值观易受人们影响而改变。

参考资料：

①阎琨，吴菡，张雨顾. 社会责任感：拔尖人才的核心素养 [J]. 华东师范大学学报（教育科学版），2021，39（12）：28-41.

②哔哩哔哩. 疫情请战书驰援抗疫视频 [EB/OL]. [2020-03-20]. https://www.bilibili.com/video/BV1K7411d7dx/?spm_id_from=333.337.search-card.all.click.

"性格观测站"
高三年级生涯规划主题课程

一、学情分析

　　性格是指一组具有特征的思想、感情和行为模式，用于区分和他人的不同，在一个人生命历程中具有一致性和稳定性。高三学生处于自我同一性迅速发展的关键时期和生涯探索期，挖掘自身性格的闪光点，根据性格优势规划生涯，可以激发学生的生涯自信。

二、教学目标

　　①情感目标：接纳自身性格，感受性格闪光点带来的愉悦感，激发自信心。

　　②认知目标：思考性格闪光点对生涯规划的重要性。

　　③行为目标：挖掘自身的性格闪光点。

三、教学思路

性格观测　→　性格名片　→　点亮性格　→　点亮生涯

四、教学准备

　　PPT。

五、教学过程

（一）性格观测

师：（创设情境）性格观测站自创办以来，温暖了许多到访者。性格观测站坚信：每个人都有独特的性格闪光点，看到自己的闪光点和独特性，可以赋予自己勇敢追梦的信心和力量。本节课同学们受邀参加性格观测站站长选拔大赛。

师：（介绍规则）站长选拔的第一个考核：观测他人性格。班级一半同学作为被观测者，用不同的方式从课堂外进入课堂内，并回到自己的座位，动作、人数、形式不限，但不能和前面的同学重复；另一半同学作为观测者留在课室内，观察不同的进入方式体现了同学们的哪些性格。

生：参与活动。

师：（总结）善于观测，看到每一位到访者的性格特点才能帮助他们挖掘自己的性格闪光点。

（二）性格名片

师：性格观测站的第二个考核：认识自己，有清晰的性格认知才能更好地帮助到访者，请绘制一张专属自己的性格名片，形式不限。

生：绘制名片。

（三）点亮性格

师：在自己的性格名片中，自己最满意的是哪一点，请在旁边画上一颗爱心；最不满意的又是哪一点，请在旁边画上一个三角形。

生：思考并标注。

师：在细节中观察，在相处中感受，察觉他人所不知，点亮他人的黯淡。性格观测站第三个考核：挖掘他人的性格闪光点。请在小组内交换性格名片，在他人的名片上为他/她的性格闪光点画上一颗爱心，为他人补充遗漏的闪光点，可借助具体事件加以说明。同时，在名片的三角形性格之处写下自己不同的观点或改进建议。

生：参与活动。

师：请同学们比对分享前后的卡片，是否有不一样的感受，对于原本不喜欢的黯淡的性格是否有改观，是否有被点亮？

生：分享感受。

师：点亮性格可以帮助到访者全面认识自己，也能让到访者感到愉悦、治愈、充满信心；对黯淡性格的建议也能让人感到温暖和力量。

（四）点亮生涯

师：恭喜同学们通过选拔，成为性格观测站站长。与此同时，观测站收到一封感谢信：

亲爱的站长：

还记得我们第一次相遇时，我垂头丧气地走进了观测站，诉说自己的烦恼，我生性好动，学习时总是坐不住，总想跑出去玩，成绩一塌糊涂，父母长辈都觉得我不务正业，没有前途。我曾经以为我的人生也会这样一塌糊涂，是你让我看到，我有想法有感染力，爱玩也可以是优点！现在我成为一名桌游讲解师，在游戏中带给他人快乐，用自己的想法让游戏更有趣，我的人生也因此变得闪闪发光！

师：请结合自己的性格闪光点，思考未来的职业方向。

生：思考并分享。

师：（总结）希望站长在观测站中不仅可以观测到他人的性格闪光点，也可以观测到自己的性格闪光点，以此为基础，点亮自己的生涯，愿大家都能拥有闪闪发光的人生。

六、教学建议

在点亮性格卡片环节，对于不喜欢的黯淡性格，可以引导学生给出中肯的建议，帮助他人不断完善自我，提升自我。

七、教学资源

视频《MBTI 动画——16 种不同性格的小朋友的晨间问候方式》：

https://www.bilibili.com/video/BV1QZ4y1o71n/?share_source=copy_web

"向着靶心射击"
高三年级高效学习主题课程

一、学情分析

随着备考时间的减少，高三学生在思想压力和心理上的波动都会比较突出，迷茫、紧张、焦虑会成为困扰学生的主要问题。为了让同学们在最后的冲刺阶段提高学习效率，找到属于自己的学习目标，特此设计本节课。

二、教学目标

①情感目标：感受有计划学习的充实感，提升学生学习的自主意识和责任感。

②认知目标：明白制订目标的重要性，了解 SMART 目标设定原则。

③行为目标：掌握目标制订的方法，提高学习效率。

三、教学思路

课堂导入：射飞镖 → 瞄准 → 打靶——我的高考flag

四、教学准备

PPT、靶、飞镖。

五、教学过程

（一）课堂导入：射飞镖

师：指定相应的距离，挑选学生，让学生在指定位置射靶。引导学生思考射靶的注意事项有哪些。

生：积极参与活动，认真思考。

师：通过射靶活动引出本课主题：瞄准靶心，射击！

（二）瞄准

1. 案例

哈佛大学 25 年跟踪调查研究：该项调查的对象是一群智力、学历、成长环境等条件都差不多的年轻人，调查结果发现：

27% 的人，没有目标；

60% 的人，目标模糊；

10% 的人，有比较清晰的短期目标；

3% 的人，有十分清晰的长期目标；

25 年的跟踪调查发现，他们的生活状况十分有意思。

3% 的人：25 年来几乎都不曾更改过自己的人生目标，他们始终朝着同一个方向不懈地努力。25 年后，他们几乎都成了社会各界顶尖成功人士，他们中不乏白手创业者、行业领袖、社会精英。

10% 的人：大都生活在社会的中上层，他们的共同特点是，那些短期目标不断地被完成，生活质量稳步上升。他们成为各行各业不可缺少的专业人士，如医生、律师、工程师、高级主管等。

60% 的人：几乎都生活在社会的中下层面，他们能安稳地生活与工作，但都没有什么特别的成绩。

27% 的人：他们几乎都生活在社会的最底层，他们的生活都过得很不如意，常常失业，靠社会救济，并且常常在抱怨他人，抱怨社会。

师：请用一句话概括你看到这个案例的感受。

生：认真观看案例，思考问题并回答。

师：引导学生思考目标的作用是什么。让学生明白，目标的制订与人生道路是息息相关的。你选择什么样的目标，就会有什么样的成就，就会有什么样的人生。同时引发学生思考：我们应该如何设置目标，才能正中靶心。

2.SMART原则——瞄准

师：准备4个盒子和乒乓球，邀请学生在指定位置将乒乓球扔进最好看的盒子。通过活动引出目标的明确性。

Specific（明确性）：所谓明确就是要用具体的语言清楚地说明要达成的行为标准。

师：准备4个盒子和乒乓球，邀请学生在指定位置将乒乓球扔进几个盒子。通过活动引出目标的衡量性。

Measurable（衡量性）：指目标应该是明确的，而不是模糊的。应该有一组明确的数据，作为衡量是否达成目标的依据。

师：准备4个盒子和乒乓球，邀请学生在指定位置将乒乓球扔进2米远的盒子。通过活动引出目标的可实现性。

Attainable（可实现性）：目标是要能够被执行人所接受的。

师：准备4个盒子、1个乒乓球和1个气排球，邀请两名学生在指定位置将乒乓球和气排球扔进指定的盒子。对比两位同学的PK是否有可比性。通过活动引出目标的相关性。

Relevant（相关性）：目标的相关性是指实现此目标与其他目标的关联情况。如果实现了这个目标，但对其他的目标完全不相关，或者相关度很低，那这个目标即使达成了，意义也不是很大。目标的确定要与自身的身份和能力匹配。

师：准备4个盒子和乒乓球，邀请两名学生，一位同学不限时，要求其将球扔进4个盒子，另一位同学在指定位置将乒乓球在30秒内扔进不同的盒子，对比投球效率。通过活动引出目标设定需要时限性。

Time-bound（时限性）：目标特性的时限性就是指目标是有时间限制的。

师：总结 SMART 原则，引导大家在生活中使用。

（三）打靶——我的高考 flag

师：引导学生根据 SMART 原则，设置我的高考 flag。

六、教学建议

本节课活动较多，主要通过活动让学生理解 SMART 原则，并能够在生活中运用 SMART 原则设置目标。活动过程中注意时间的把控。

七、教学资源

SMART 原则是由管理学家彼得·德鲁克（Peter Drucker）于 1954 年提出的目标管理理论，可以有效提高达成目标的动机和工作效率。